45

JUNGE KUNST

EDGAR DEGAS

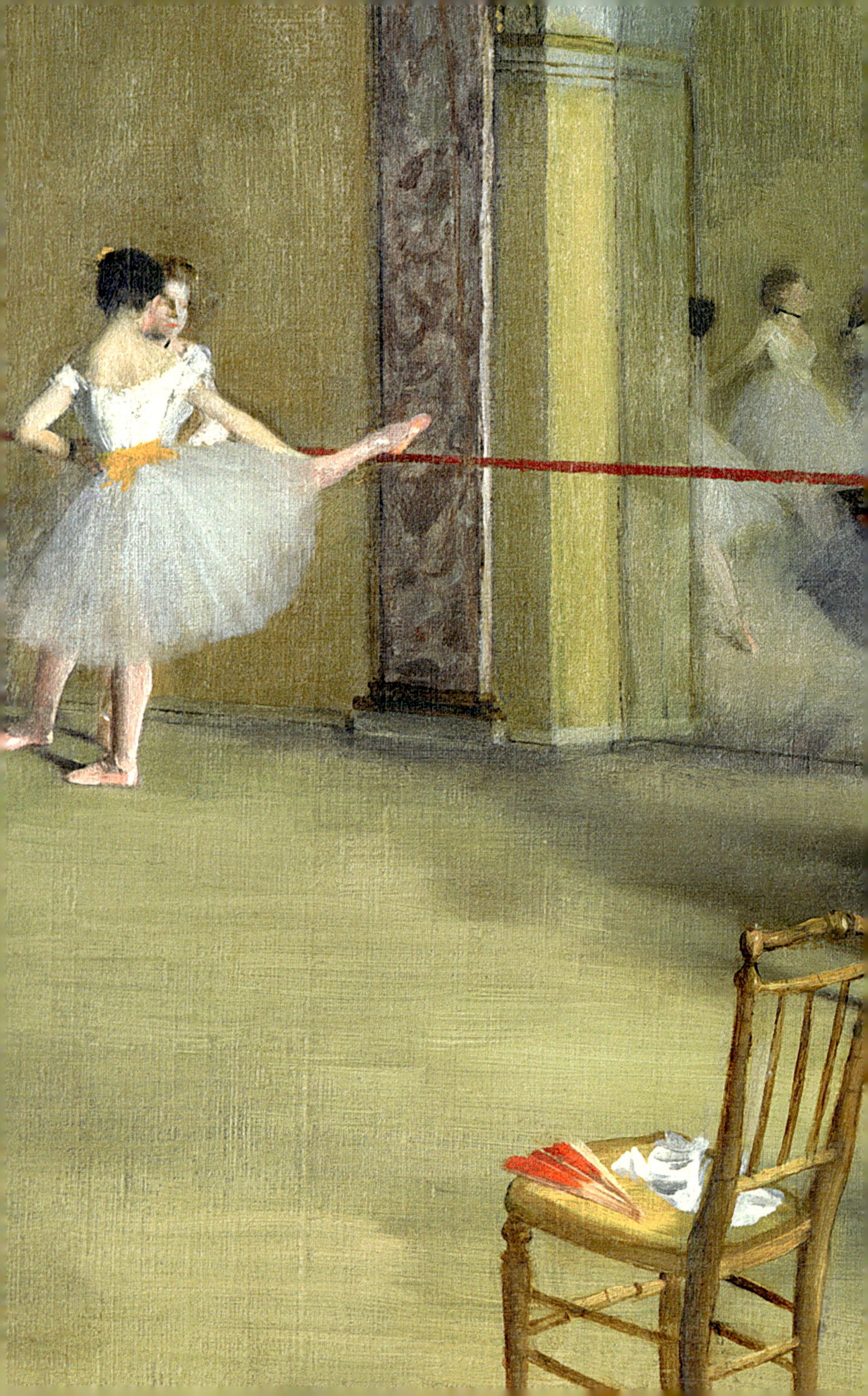

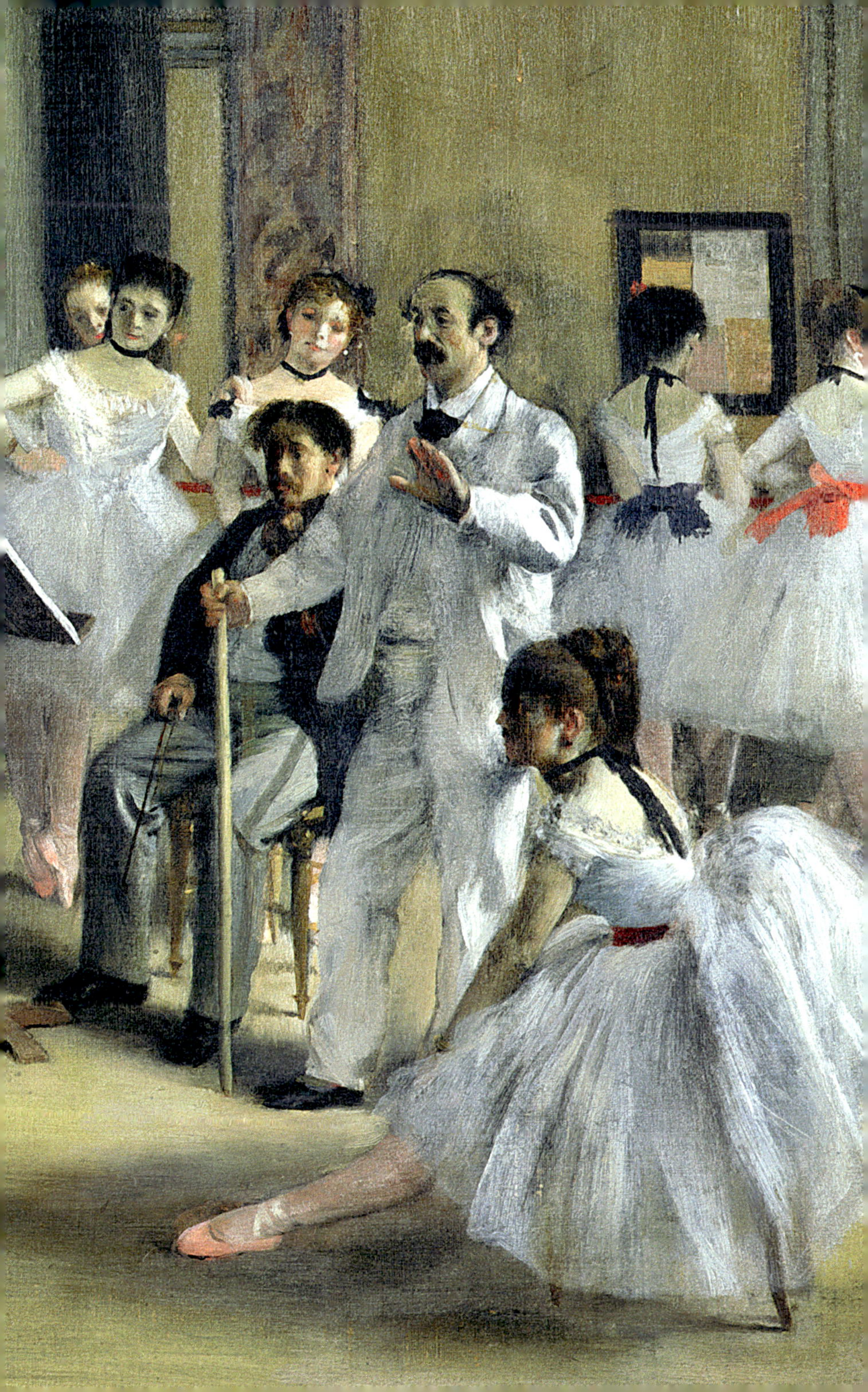

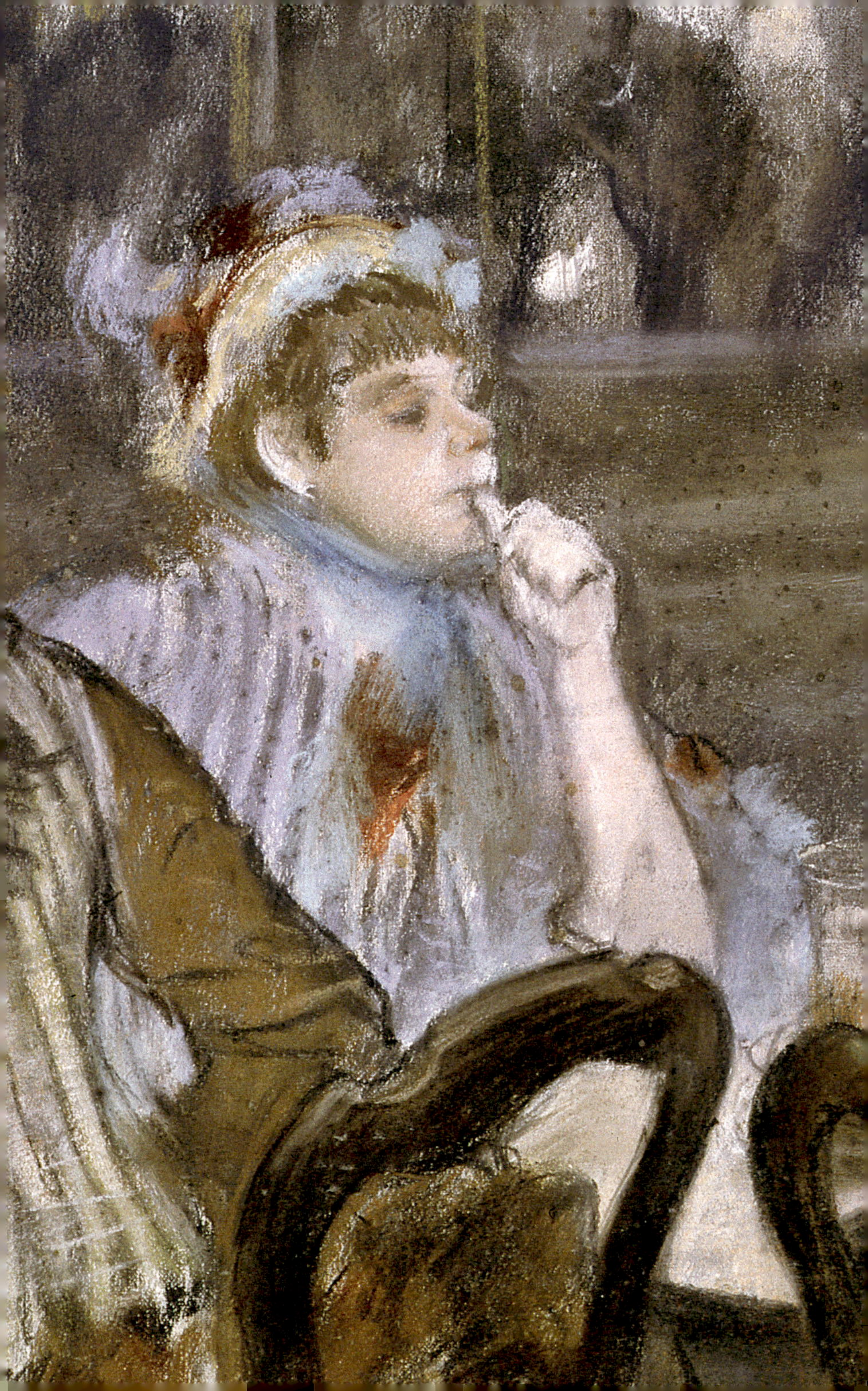

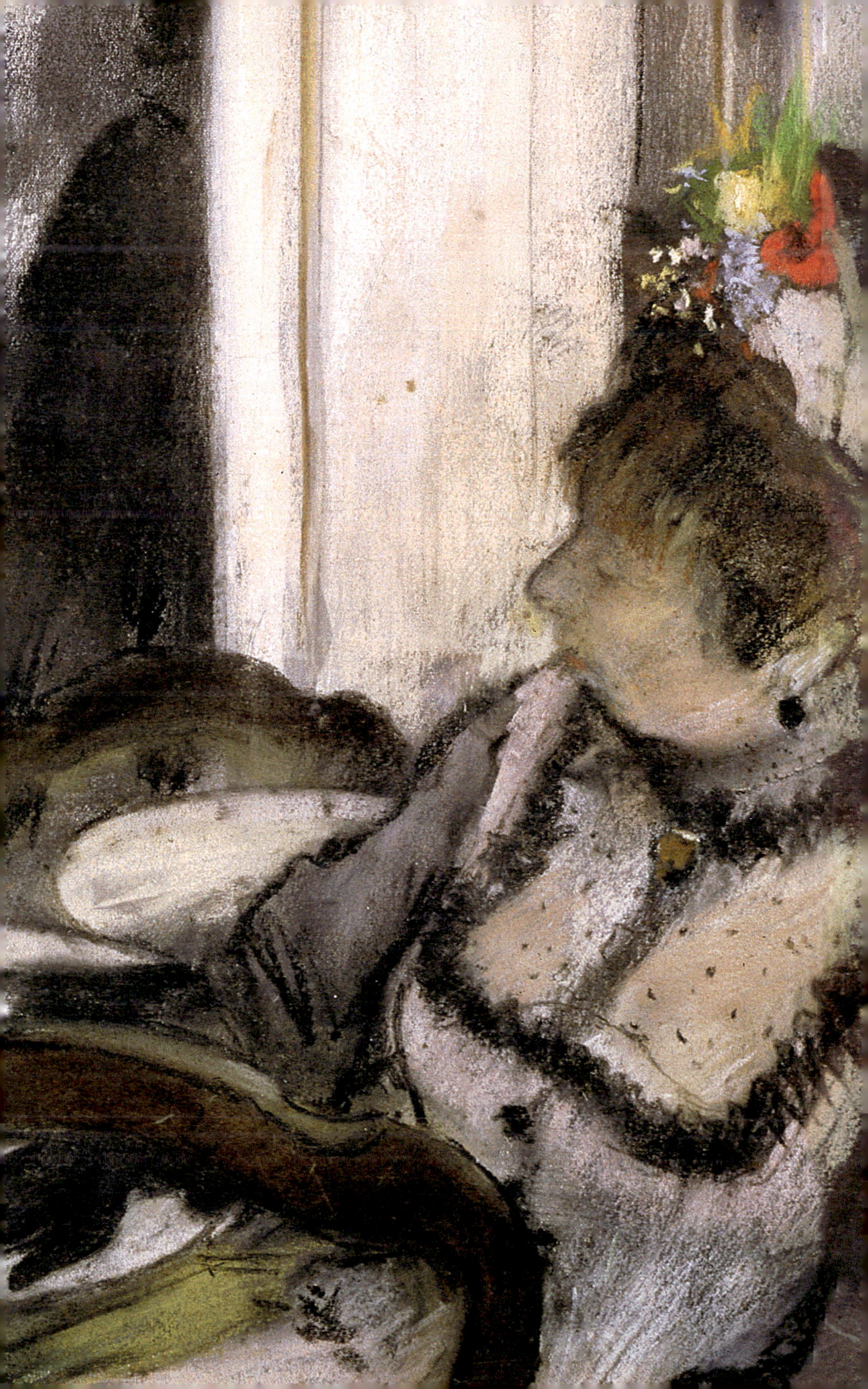

EDGAR DEGAS

Gerald Dagit

KLINKHARDT
& BIERMANN

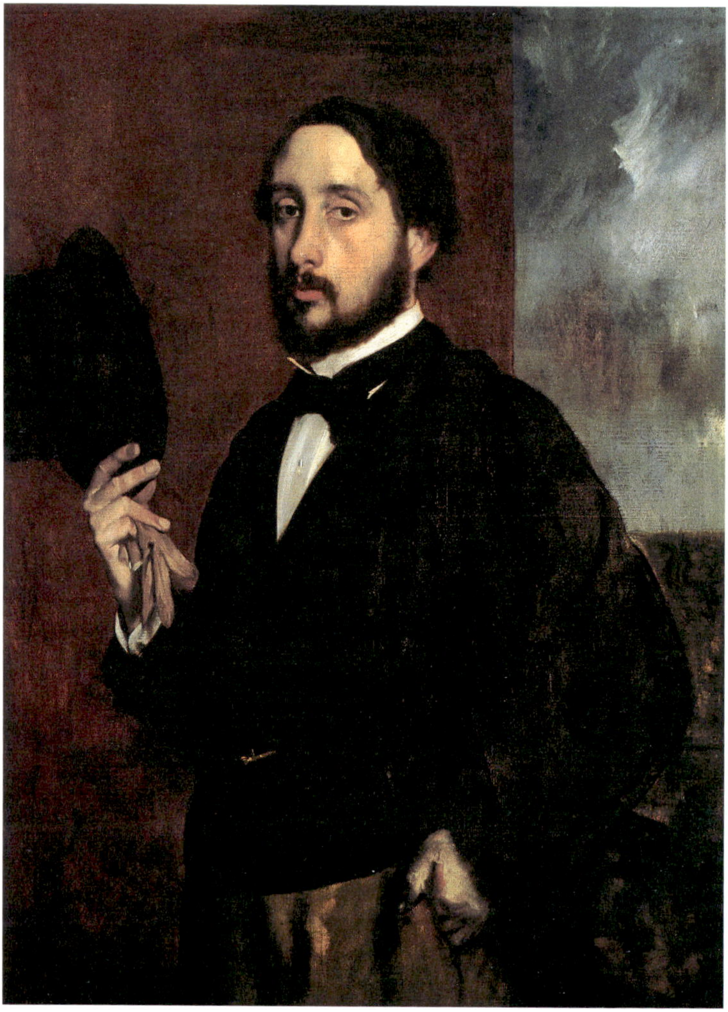

EDGAR DEGAS

Selbstporträt, 1863, Öl auf Leinwand, 92,5 × 66,5 cm,
Calouste Gulbenkian Museum, Lissabon

INHALT

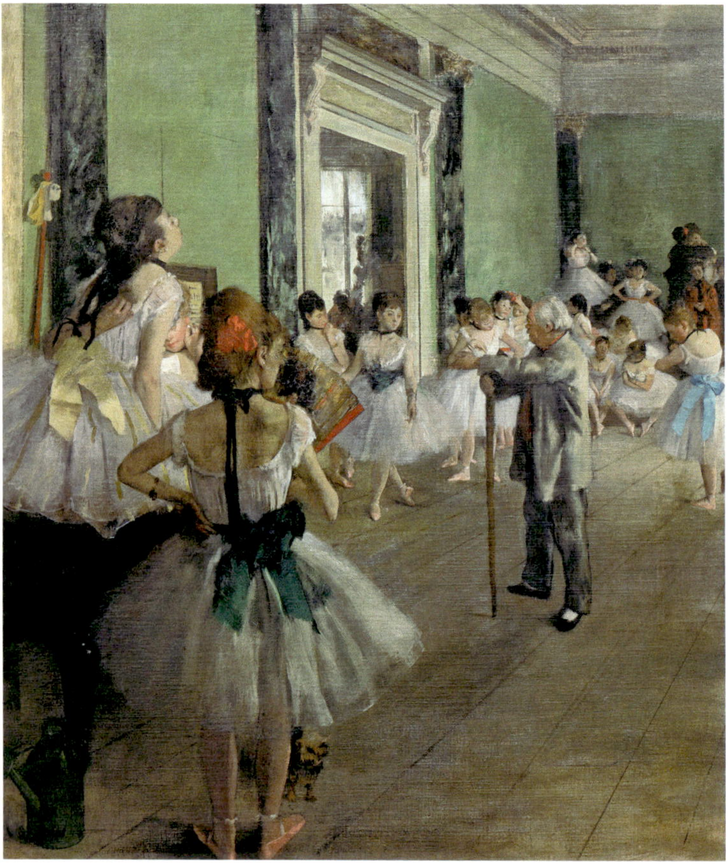

1 *Der Tanzunterricht*, 1873–76, Öl auf Leinwand, 85,5 × 75 cm, Musée d'Orsay, Paris

EDGAR DEGAS: IM TAKT DER MODERNEN GROSSSTADT

Gerald Dagit

»Meine Kunst, was wollen Sie darüber sagen? Glauben Sie, dass Sie denen, die sie nicht sehen, die Vorzüge eines Bildes erklären können? ... Ich kann die besten und klarsten Worte finden, um meinen Sinn zu erklären, und ich habe mit den intelligentesten Leuten über Kunst gesprochen, und sie haben es nicht verstanden; aber unter Leuten, die verstehen, sind Worte nicht nötig, man sagt humph, he, ha und alles ist gesagt.«[1]

PLIÉ (BEUGEN) – ERSTE SCHRITTE

Hilaire Germain Edgar de Gas wird am 19. Juli 1834 als erstes von fünf Kindern (ihm folgen Achille, Thérèse, Marguerite und René) in Paris geboren. Sein Vater, Auguste de Gas, ist ein Pariser Bankier mit Dependance in Neapel. Mit seiner Mutter Marie-Célestine, geb. Musson, besucht er wohl bereits in jungen Jahren die Verwandtschaft in Neapel und lernt Italienisch. Der frühe Tod seiner Mutter 1847 im Alter von nur 32 Jahren ist für den 13-jährigen Edgar ein tiefer Einschnitt und führt dazu, dass der kunstsinnige Vater allein Sorge um seine Kinder trägt – wobei die Familie wohlhabend und weit verzweigt ist und er bei dieser Aufgabe sicherlich Unterstützung durch Kindermädchen und Bedienstete erfährt. Sein Inter-

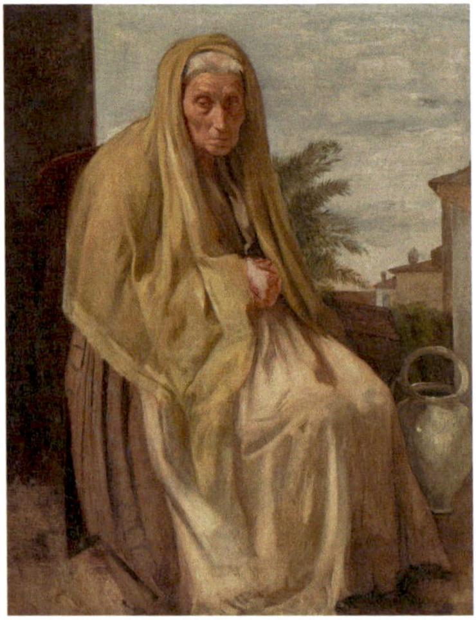

2 *Alte Italienerin*, 1857, Öl auf Leinwand, 74,9 × 61 cm, The Metropolitan Museum, New York

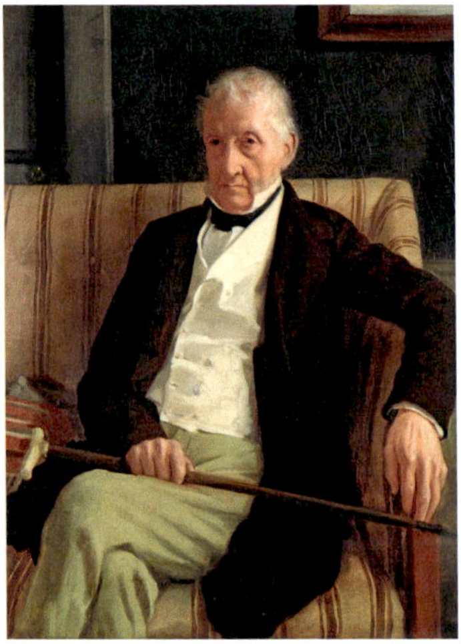

3 *Hilaire de Gas*, 1857, Öl auf Leinwand, 53 × 41 cm, Musée d'Orsay, Paris

esse an Kunst und die Möglichkeit, sie zu studieren – letzten Endes auch selbst auszuüben –, verdankt Edgar vor allem dem Zuspruch und der Unterstützung seines Vaters Auguste. Zeit seines Lebens aber wird er mit »Degas«, der ursprünglichen Form seines Familiennamens signieren.

Degas besucht das Lycée Louis-le-Grand und schmiedet dort im Internat erste bedeutsame Freundschaften, unter anderem mit Henri Rouart, Louise Breguet, Ludovic Halévy und vor allem Paul Valpinçon. Zunächst schreibt er sich für ein Jurastudium ein, dessen Aufnahme er jedoch nie ernsthaft verfolgen wird. Valpinçons Vater Edouard, der als großer Kunstsammler Bekanntschaft zu namhaften Künstlern unterhält, ist verantwortlich für das erste Aufeinandertreffen zwischen Degas und dem von ihm verehrten Maler Jean-Auguste-Dominique Ingres: Als Gründungsmythos für Degas' künstlerische Laufbahn existieren hiervon verschiedene Versionen, als Kern der prägenden Begegnung sei jedoch festgehalten, dass Ingres' Rat »viele Linien zu zeichnen«, »nach der Natur oder dem Gedächtnis«,[2] zu einem Grunddiktum für Degas wird.

Bereits 1853 beginnt er auf diesen Ratschlag hin, nach den Alten Meistern zu zeichnen, und lässt sich im Louvre und im Kupferstichkabinett der Bibliothèque Nationale (damals noch Bibliothèque Impériale) als Kopist registrieren. Diese Praxis verfolgt er später noch viele Jahre. Einen ersten Lehrer findet er in Félix-Joseph Barrias, doch bereits 1855 schreibt er sich in die École des beaux-arts ein. Nun wird – wohl durch die Vermittlung seines Vaters und dank der Beziehungen Edouard Valpinçons – Louis Lamothe sein Lehrer, ein Künstler, der in der Nachfolge Ingres' steht und sich dadurch bezüglich der malerischen Vorgehensweise für Degas als Glücksfall herausstellt.

Eine Vielzahl von Zeichnungen und Degas' erste Ölgemälde entstehen 1856–59 auf seiner Studienreise durch Italien. Er macht unter anderem Station in Rom, Florenz, Perugia, Assisi, Genua, Turin und dem Piemont. Dabei setzt er sich mit Begeisterung mit der italienischen Malerei der vergangenen Jahrhunderte auseinander sowie mit den antiken Überresten in all ihren Erscheinungsformen. Degas schafft in dieser Zeit genrehafte Porträts wie die *Alte Italienerin* (2) ebenso wie das kraftvolle Porträt seines

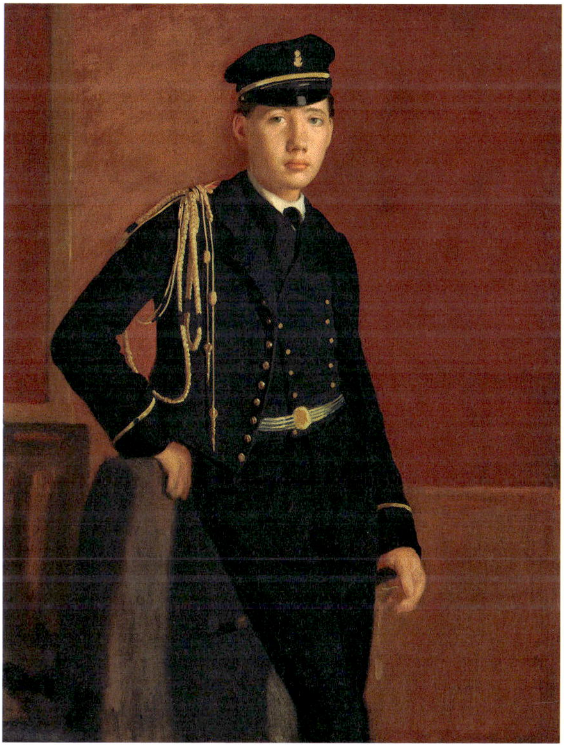

4 *Achille de Gas in Marineuniform*, 1857, Öl auf Leinwand, 64 × 51 cm, National Gallery of Art, Washington D.C.

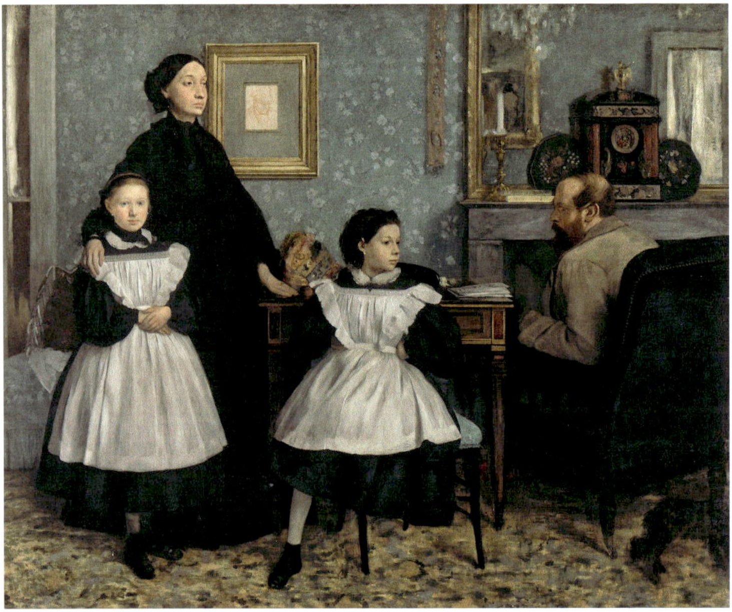

5 *Die Familie Bellelli*, zwischen 1858–69, Öl auf Leinwand, 201 × 249,5 cm, Musée d'Orsay, Paris

Großvaters Hilaire (3) oder das empathische Bildnis seines Bruders *Achille de Gas in Marineuniform* (4). Diese Bilder zeugen von seinem Wunsch, das Spannungsverhältnis zwischen Präsentation und Inkarnation, die den Charakter formenden Wesenszüge ins Bild zu setzen und das Ergebnis mittels Licht und Farbe zu präsentieren. Dabei ist noch deutlich seine malerische Nähe zu Ingres erkennbar.

Nach seiner Rückkehr bleibt Degas nur kurze Zeit in Paris und reist bereits 1860 wieder nach Italien, diesmal mit Aufenthalten in Neapel, Livorno und Florenz. Seit Mitte der 1850er-Jahre führt er *carnets* (Notizbücher), die er mit Skizzen, Kompositionen, Gedanken und allerlei Anmerkungen füllt.[3] In seiner akribischen, fast schon ans manische grenzenden Auseinandersetzung mit einem Thema und dem unbändigen Willen zu kompositorischer Perfektion entstehen Gemälde wie *Die Familie Bellelli* (5) oder das *Interieur* (6). Beide Gemälde haben neben ihrer malerischen Ausdrucksstärke vor allem die Gefühlswelt der Protagonisten und das Spannungsverhältnis zwischen den Figuren zum Thema: einerseits das zerrüttete Eheverhältnis seiner italienischen Tante und des Onkels und der dadurch entstandenen Last für die beiden Töchter. Zum anderen das Bild einer hilflos wirkenden Frau mit verrutschter Kleidung in einem düsteren Schlafzimmer mit verstreuten Wäscheteilen, deren einziger Ausweg von einem aufrecht stehenden, bedrohlich wirkenden Mann versperrt wird. Das Bild bekam den späteren Titel *Die Vergewaltigung* und wirft bis heute noch dieselben Fragen auf, die der Maler zeit seines Lebens unbeantwortet ließ.[4]

Gleichzeitig beschäftigt Degas sich in seinem Frühwerk mit der Historienmalerei – einem Genre, das in Frankreich mit Jacques-Louis David, Théodore Géricault, Eugène Delacroix und natürlich Ingres namhafte Vertreter hervorgebracht hatte. In Italien intensiviert sich sein Interesse für historische und mythologische Motive, wahrscheinlich auch durch seine Bekanntschaft mit Gustave Moreau, dem er zu dieser Zeit eng zugetan ist. Er fertigt Ölbilder wie *Die Tochter Jephtas* (7), *Die Erbauung Babylons durch Semiramis* (8) und vor allem *Junge Spartanerinnen fordern Knaben zum Wettkampf heraus* (9). Mit der *Tochter Jephtas* arbeitet er an einem Thema aus dem Alten Testament, das er aus Versatzstücken Alter Meister zusam-

6 *Interieur*, 1868/69, Öl auf Leinwand, 81,3 × 114,3 cm, Philadelphia Museum of Art

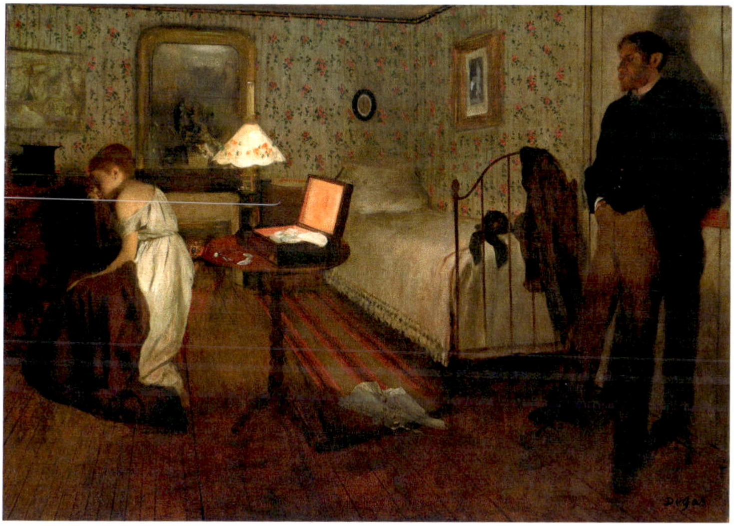

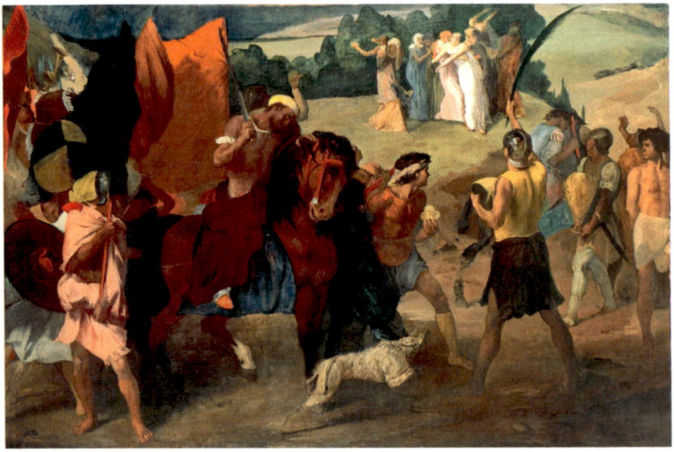

7 *Die Tochter Jephtas*, 1859/61, Öl auf Leinwand, 195,5 × 293,5 cm, Smith College Museum of Art, Northampton, Mass.

mensetzt und das in Degas' Farbkomposition an Delacroix erinnert. Das Gemälde ist damit ein Musterbeispiel für Degas' Fähigkeit, zu assimilieren und neu zu komponieren. Er hatte stets ein tiefes Interesse an der Vorgehensweise und den Arbeiten anderer Maler und kopierte alles, von dem er glaubte, dass es nachahmenswert sei, um selbst Meisterschaft zu erlangen und seine eigenen Kompositionen zu perfektionieren: »Was ich mache, ist das Ergebnis von Nachdenken und dem Studium der großen Meister; von Inspiration, Spontaneität, Temperament […] weiß ich nichts.«[5]

Die Erbauung Babylons durch Semiramis zeigt eine mythologische Szene: Semiramis, die Königin von Assyrien und Gründerin Babylons, steht am Ufer des Euphrat und betrachtet den Bau der Stadt, die zu einem der sieben Weltwunder wurde. Neben malerischen Anleihen finden sich hier zusätzlich Spuren von historischen Recherchen des Malers: Der Wagen rechts im Bild und auch die Frisur der Königin scheinen antiken assyrischen Reliefs entnommen zu sein, die erst kurz vor 1860 in die Sammlung des Louvre aufgenommen wurden.

Vom Gemälde *Junge Spartanerinnen fordern Knaben zum Wettkampf heraus* entstehen gar zwei Fassungen, die davon zeugen, wie sich Degas bereits in jungen Jahren an einem Thema abarbeiten kann. Die Historienbilder verbleiben nahezu alle, ebenso wie die *Mittelalterliche Kriegsszene* (10), bis zu

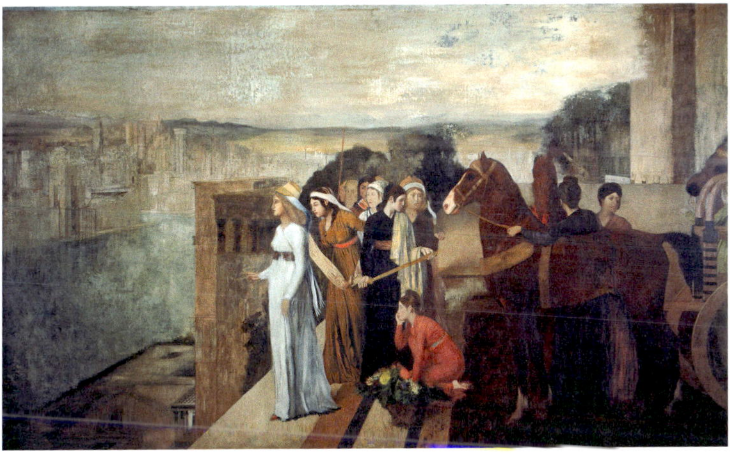

8 *Die Erbauung Babylons durch Semiramis*, 1861, Öl auf Leinwand, 151,5 × 258 cm, Musée d'Orsay, Paris

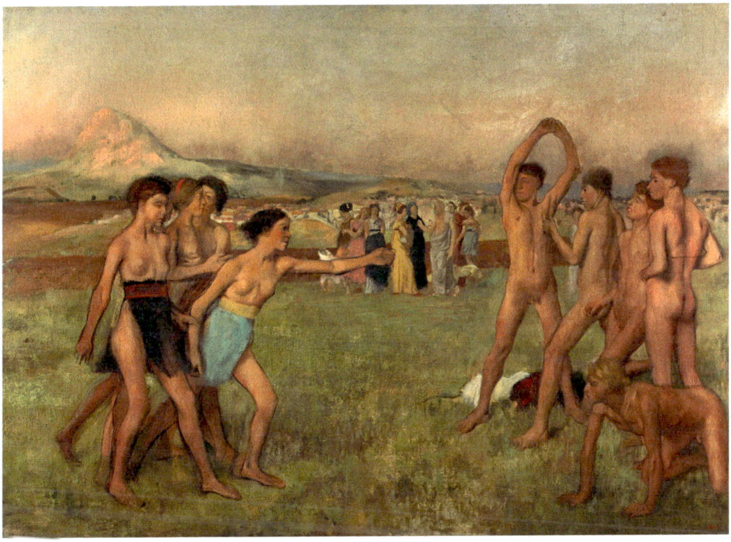

9 *Junge Spartanerinnen fordern Knaben zum Wettkampf heraus*, um 1860, Öl auf Leinwand, 109,5 × 155 cm, The National Gallery, London

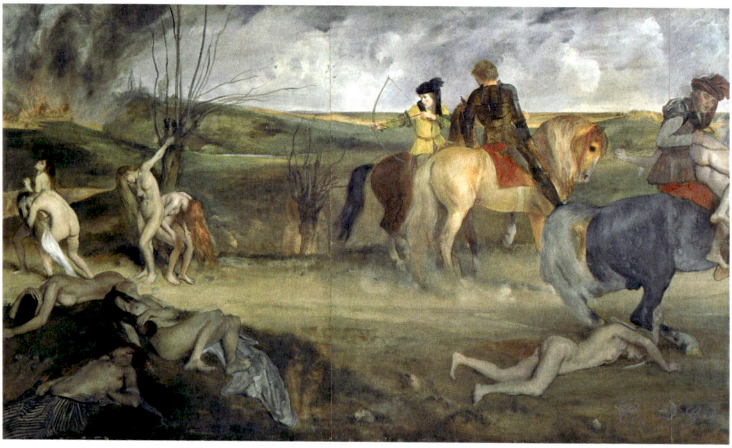

10 *Mittelalterliche Kriegsszene*, um 1865, Öl auf Papier auf Leinwand montiert, 83,5 × 148,5 cm, Musée d'Orsay, Paris

Degas' Tod in seinem Atelier und lassen dadurch die persönliche Bedeutung der Werke für den Künstler erahnen. Der bühnenhafte Charakter des rätselhaften Historienbildes verweist bereits auf zukünftige Bildthemen: der nackte Körper in Bewegung, Vielansichtigkeit, Affekte, Blickwinkel und ein angeschnittener Bildausschnitt.

TENDU (STRECKEN) – DIE ZEIT DES AUFBRUCHS

Wieder zurück in Paris, lernt Degas 1861 beim Kopieren im Louvre Édouard Manet kennen. Es entwickelt sich zwischen dem ungleichen Paar eine von Höhen und Tiefen gekennzeichnete Freundschaft, die bis zu Manets Tod 1883 im gegenseitigen Respekt für die Kunst des jeweils anderen bestehen bleibt. Beide Männer sind Künstler und auf die eine oder andere Weise impulsiv. Manet, unzufrieden mit der Darstellung des Gesichts seiner Frau auf einem ihm von Degas geschenkten Bild, schneidet dieses an der Stelle einfach ab. Degas' Empörung ist groß, er gibt seinerseits *Die Pflaume* an Manet zurück, was er später bereuen wird. Doch auch Degas, eigentlich ein ruhiger, aber lebensfroher Mensch, gebildet, belesen und gerne in Gesellschaft, hat seine Schattenseiten. Mitte der 1890er-Jahre wird er im Zuge der Dreyfus-Affäre,

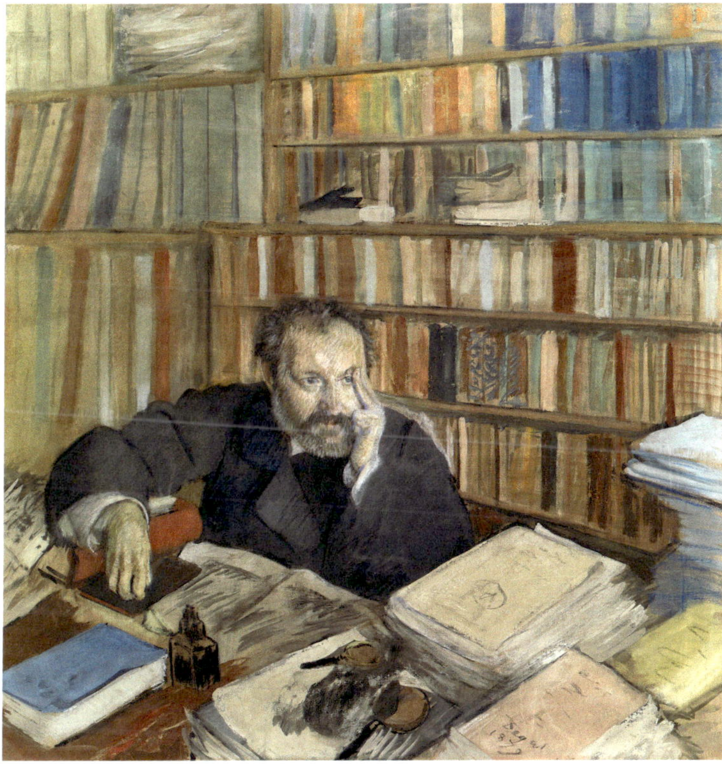

11 *Porträt Edmond Duranty*, 1879, Gouache und Pastell auf Leinwand, 100 × 100,4 cm, The Burrell Collection, Glasgow

die Frankreich erschüttert, die Partei des Militärs und der Antisemiten ergreifen und mit seinem langjährigen jüdischstämmigen Jugendfreund Ludovic Halévy und dessen Familie brechen, ebenso wie mit Camille Pissarro.

In den 1860er-Jahren avanciert das Café Guerbois unweit von Manets Atelier zum Treffpunkt der Pariser Kunstszene. Hier begegnen sich Renoir, Sisley, Monet, Bazille und (seltener) Cézanne, aber auch Bildhauer, Schriftsteller und Kunstkritiker wie Edmond Duranty – ein Freund von Degas, den er porträtiert (11). Monet äußerte sich später zu dieser Zeit: »Nichts war interessanter als diese Wortgefechte. Sie schärften den Geist, erfüllten uns mit Begeisterung, die wochenlang anhielt, bis eine Idee endgültig Form gewann.«[6] Besonderen Einfluss übt Charles Baudelaires berühmter

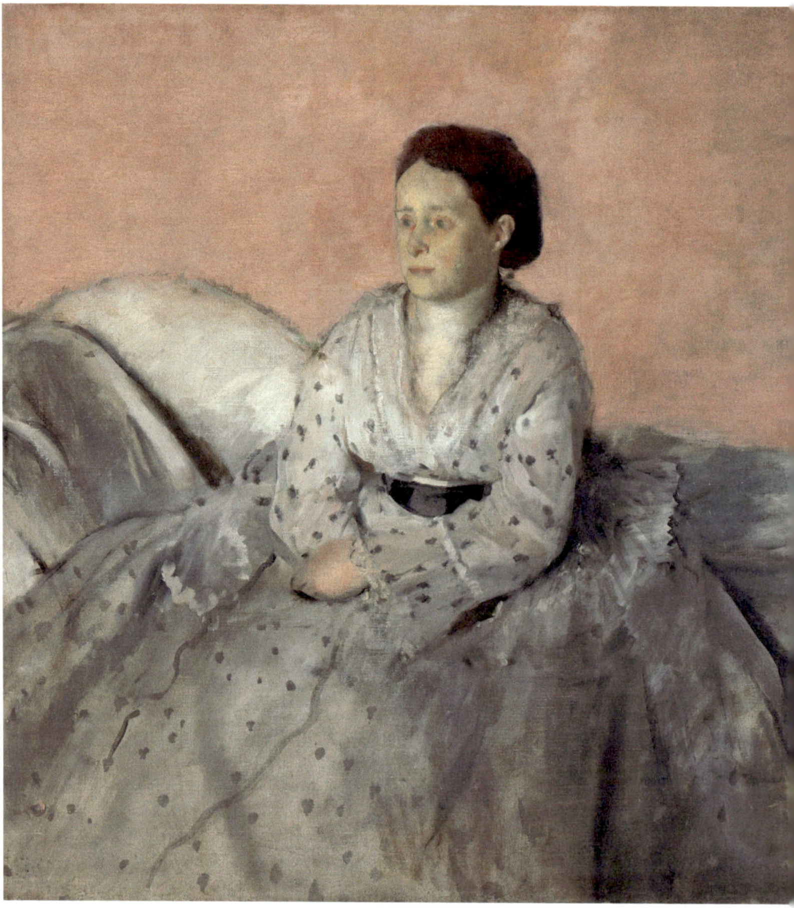

Essay *Der Maler des modernen Lebens* von 1863 auf die jungen Maler aus.[7] Darin spornt er sie am Beispiel eines anonymen Künstlers an, den Auswirkungen der Industrialisierung und des rasanten Wachstums der Städte sowie der damit einhergehenden Veränderung des sozialen Gefüges in ihrer Kunst Ausdruck zu verleihen: Diese bestehe zu einer Hälfte aus dem Ephemeren, dem Flüchtigen und Kontingenten, zur anderen Hälfte aus dem Ewigen und Unveränderlichen.

Edgar Degas folgt Baudelaires Aufruf: Sein Malprozess wird die Übersetzung des Gesehenen, dessen, was er erlebt hat, und er komponiert frei, ver-

12 *Madame René de Gas*, 1872/73, Öl auf Leinwand, 72,9 × 92 cm, National Gallery of Art, Washington D.C.

gisst dabei niemals Ingres' Postulat der Zeichnung. Hierin unterscheidet sich Edgar Degas von den Impressionisten, deren Fokus auf Landschaftsdarstellungen und der Wahrnehmung des Augenblicks liegt. Dennoch wird Degas zum Antriebsmotor der Impressionistenausstellungen und beteiligt sich an sieben der acht Schauen. Mit zunehmender Popularität nutzt er seinen Einfluss – auch gegen Widerstände –, um anderen Künstlerinnen und Künstlern Zugang zu den Ausstellungen zu verschaffen.
Degas meldet sich, wie Manet, im Deutsch-Französischen Krieg 1870/71 freiwillig als Nationalgardist zur Verteidigung von Paris. Seit dieser Zeit

klagt er über Beeinträchtigungen seines Augenlichts. Neben der Verschlechterung seiner Sehfähigkeit leidet er auch an hoher Lichtempfindlichkeit und trägt fortan Spezialbrillen. Im Jahr 1908 erblindet der Künstler schließlich vollständig, vermutlich aufgrund einer Makuladegeneration.

DÉGAGÉ (LÖSEN) – NEUE IMPULSE IN AMERIKA

Nach dem Krieg reist Degas zu seinen Brüdern und einem Onkel nach New Orleans. Es entstehen meisterhafte Porträts wie jenes seiner Schwägerin Estelle Musson Balfour (12). Degas' eigene Sehprobleme sensibilisierten ihn für die Einschränkung der beinahe blinden Estelle. Er verzichtet in ihrem Fall auf besondere Akzente in der Körperhaltung, auf Gesten oder Accessoires, die er sonst häufig zur Charakterisierung verwendet. Das ganze Bild wird von einer Weichheit und Leichtigkeit getragen. Die gedämpften und fast monochromen Farbharmonien und Estelles unscharfer Blick sind eine Anspielung auf ihr eingeschränktes Sehvermögen.
Degas' Interesse für besondere Themen und dass er aufgrund des Lichts in New Orleans gezwungen ist, vorwiegend drinnen zu arbeiten, stellen ihn vor einige Probleme, wie er an James Tissot schrieb: »Nichts ist so schwierig wie die Erstellung von Familienporträts. Eine Cousine, die einen zweimonatigen Säugling stillt, dazu zu bringen, sich für Sie hinzusetzen, ist ziemlich harte Arbeit. Kleine Kinder dazu zu bringen, auf der Treppe zu posieren, ist eine weitere Aufgabe, die die durch die Erste hervorgerufene Erschöpfung verdoppelt.«[8] Daher kommt die Gelegenheit, *Le Pédicure* (13) zu malen, wohl sehr gelegen. Der Titel sollte am ehesten mit »Die Fußpflege« übersetzt werden, da es sich um einen medizinischen Eingriff an seiner Nichte Josephine Bell handelt.[9] Gezeigt ist das wohl anästhesierte Kind, das mit einem weißen Laken umwickelt ist. Ein weißes Tuch dient auch als Unterlage für den Eingriff auf dem Stuhl. Der am Boden kniende Fußpfleger ist im Begriff, mit seinem silbernen Instrument am Zeh zu operieren, dabei hat der Vorgang, der im mondänen Ambiente stattfindet, nichts mit dem heutigen Verständnis von Pediküre zu tun.
Schließlich entsteht auf dieser Reise noch das berühmte Werk *Das Baumwollkontor in New Orleans* (14). Auf diesem sind unter anderem Degas' Brüder René (liest die Lokalzeitung) und Achille (links am Fenster lehnend) sowie dessen Schwiegervater Michel Musson (im Vordergrund links die

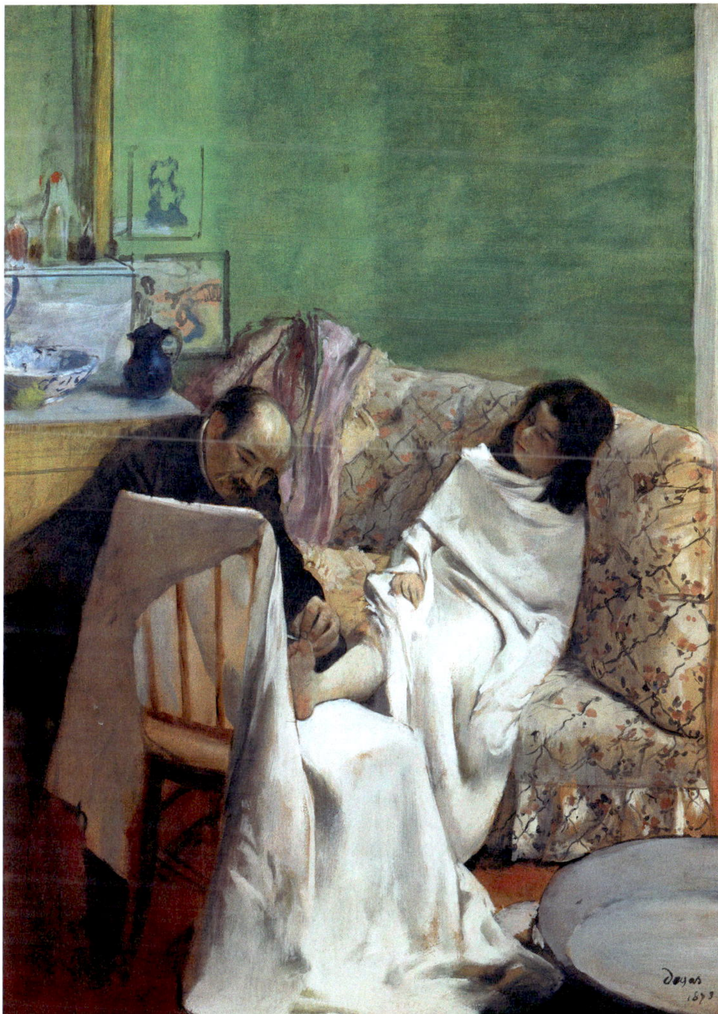

13 *Die Fußpflege*, 1873, Öl auf Papier auf Leinwand montiert, 61,5 × 46,5 cm, Musée d'Orsay, Paris

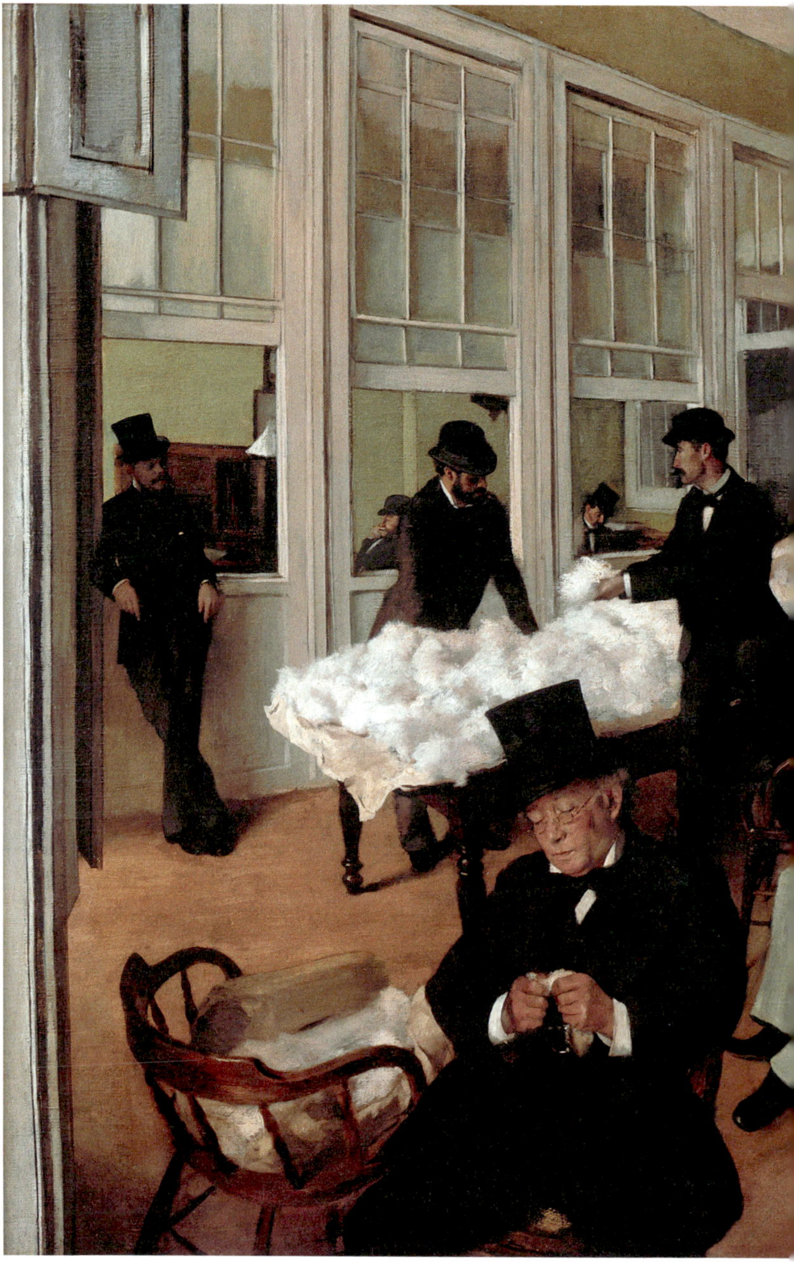

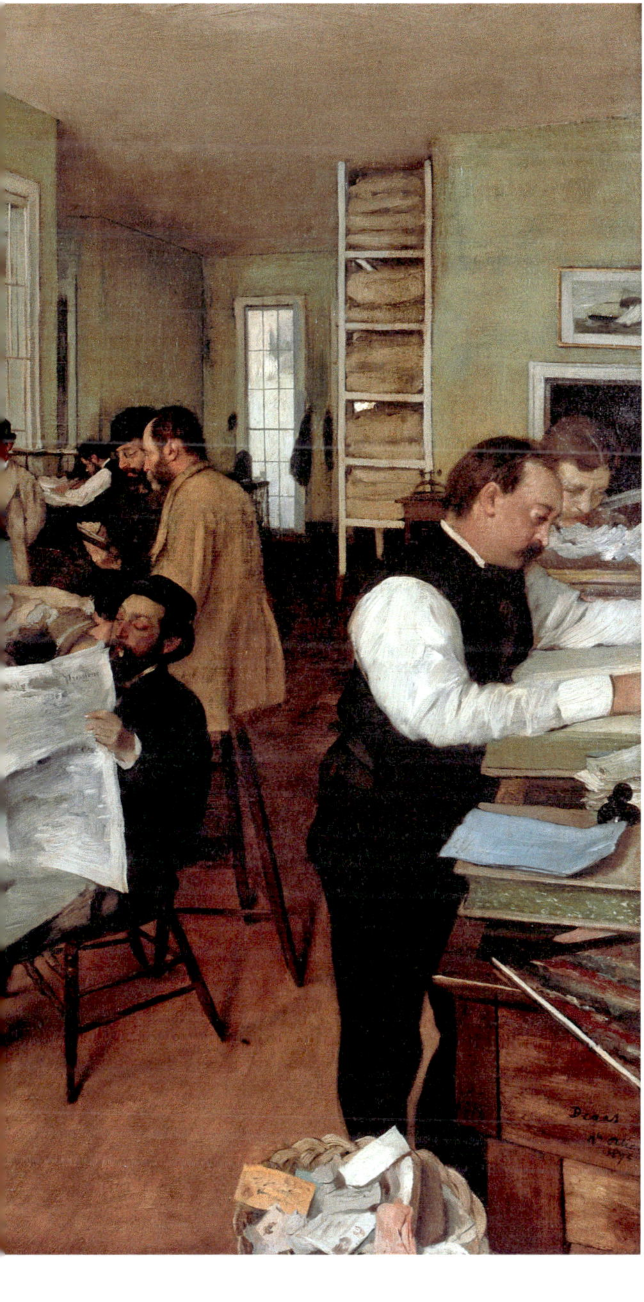

14 *Das Baumwollkontor in New Orleans*, 1873, Öl auf Leinwand, 74 × 92 cm, Musée des beaux-arts de Pau, Pau

Baumwolle prüfend) identifizierbar. Degas möchte, wie aus dem Brief an Tissot hervorgeht, durch dieses Gemälde Zugang zum englischen Kunstmarkt finden. Dieser Wunsch erfüllt sich nicht, doch bereits 1878 kauft das Musée des beaux-arts de Pau das Gemälde, es wird somit Degas' erstes Werk in einer öffentlichen Sammlung.[10] Die Komposition ist eine Mischung aus Genrebild und holländischem Gruppenporträt, erfasst durch einen weitwinkligen Blickausschnitt, der ein Spannungsverhältnis zwischen Müßiggang, Warenprüfung und Büroarbeit zeigt. Dabei verzichtet Degas weitgehend auf Kommunikation oder groß angelegte Interaktion zwischen den Personen – die kühle Geschäftigkeit des Kontors steht dabei im Kontrast zu dem von Degas vielfach bemängelten feuchtwarmen Klima New Orleans.

DÉVELOPPÉ (ENTWICKELN) – DIE FASZINATION DER RENNSTRECKE

Degas' *carnets* zeugen von seiner langjährigen Faszination für Pferde und Reiterdarstellungen. Der Künstler studiert die Vorbilder Donatello, Verrocchio, Uccello oder auch Rubens, dazu kommen unzählige Skizzen, die aus der Beobachtung des Alltags entstehen. Bereits in den 1860er-Jahren beginnt er mit der Darstellung von Pferderennen, die in dieser Zeit in Frankreich sehr beliebt sind. In seinem ersten Gemälde zu diesem Thema inszeniert er eine hochdramatische *Steeplechase-Szene* (15). Ein verunglückter Jockey, für den sein Bruder Achille als Modell dient, liegt niedergestreckt im Vordergrund. Sein detailliert ausformuliertes Gesicht steht in krassem Kontrast zur wilden Linienführung der Pferdekonturen, die mit dem gestischen Ausdruck der Bewegung zusammenfällt. Der dargestellte Moment hat sogar in den zarten Farbtönen, vor allem dem Rosé, und dem lasierenden Farbauftrag etwas Flüchtiges und Unmittelbares – dazu im Gegensatz steht wiederum der Tod als Motiv der Ewigkeit.

Die weiteren Arbeiten beschäftigen sich weniger mit den Rennen selbst als vielmehr mit dem Geschehen vor, nach und im Umkreis dieses Höhepunktes. Einzig *Der Fehlstart* (16) transportiert noch die Aufregung der Szenerie. Degas' bis in die 1890er-Jahre hinein geschaffenen Derby-Arbeiten sind zumeist ruhige, farblich perfekt abgestimmte und in puncto Landschaftsdarstellung den Impressionisten am nächsten kommende Milieustudien der feinen Gesellschaft auf der bekannten Pariser Pferderennbahn

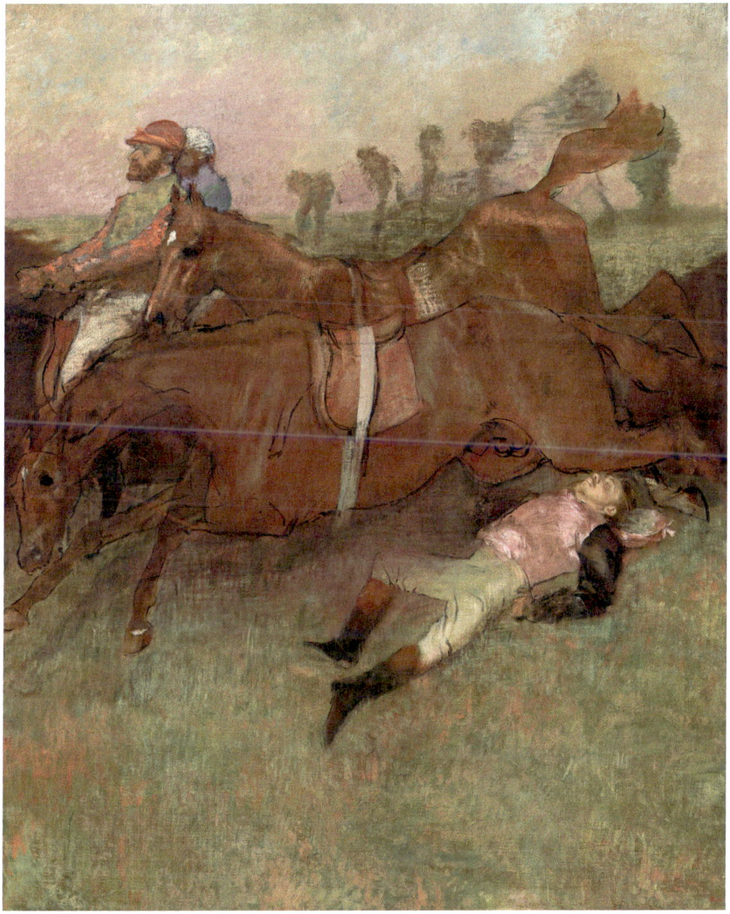

15 *Steeplechase-Szene*, 1866, überarbeitet 1880/81 und 1897, Öl auf Leinwand, 180 × 152 cm, National Gallery of Art, Washington D.C.

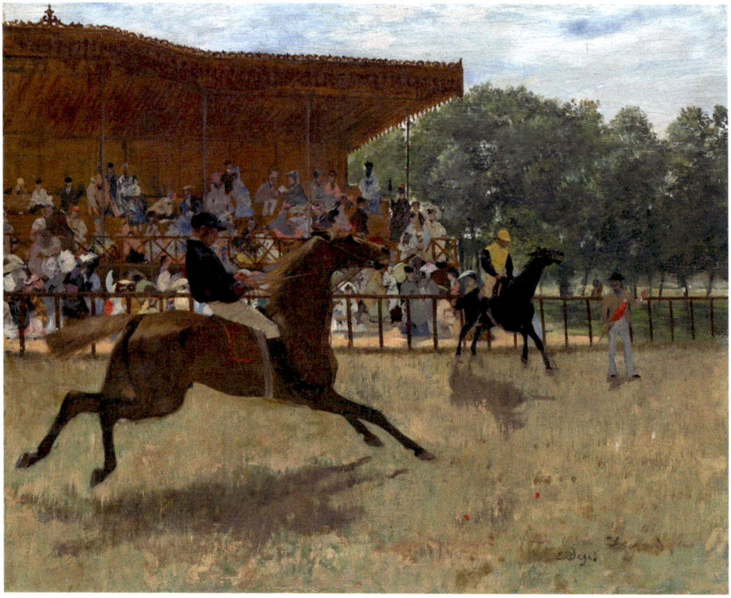

16 *Der Fehlstart*, 1869–72, Öl auf Holztafel, 32,1 × 40,3 cm, Yale University Art Gallery, New Haven, Con.

Longchamp. Besonders zeigt sich dies in Werken wie *Bei dem Rennen auf dem Lande* (17), in dem Degas abermals die traditionellen Grenzen von Landschaft, Genre und Familienporträt sprengt und zugleich verbindet: Die Freizeitszene aus der Oberschicht rückt das Rennen der Jockeys in den Hintergrund. Kutschen und weitere Reiter betreten oder verlassen das Geschehen. In dem Bild *Beim Rennen* (18) blickt Degas' elegant gekleideter Freund Paul Valpinçon vom Fahrersitz einer Kutsche auf seine Fahrgäste herab: seine Frau, die einen Sonnenschirm in der Hand hält, und seinen kleinen Sohn Henri, der in den Armen einer Amme schläft, die ihn wohl gerade noch gestillt hat. Degas wählt einen fast abrupten kompositorischen Bildausschnitt. Vielfach ist diskutiert worden, ob bei Gemälden wie diesem oder *Frauen nachts auf der Terrasse eines Cafés* (19) Gestaltungselemente japanischer Farbholzschnitte Degas maßgeblich beeinflusst haben.[11] Unabhängig davon lässt sich festhalten, dass Degas eine intrinsische Motivation besitzt, nach innovativen Betrachterstandpunkten zu suchen, ähnlich wie ihm die bahnbrechenden Fotografien zum Bewegungsablauf der

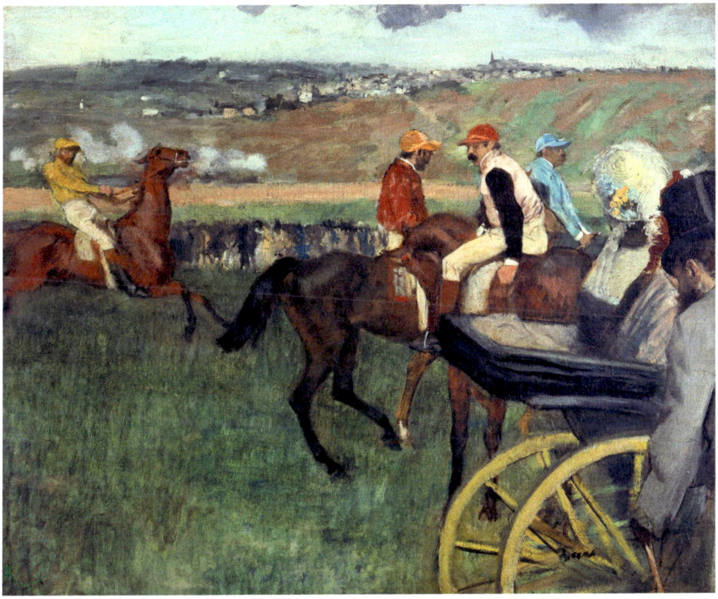

17 *Bei dem Rennen auf dem Lande*, 1869, Öl auf Leinwand, 36,5 × 55,9 cm, Museum of Fine Arts, Boston

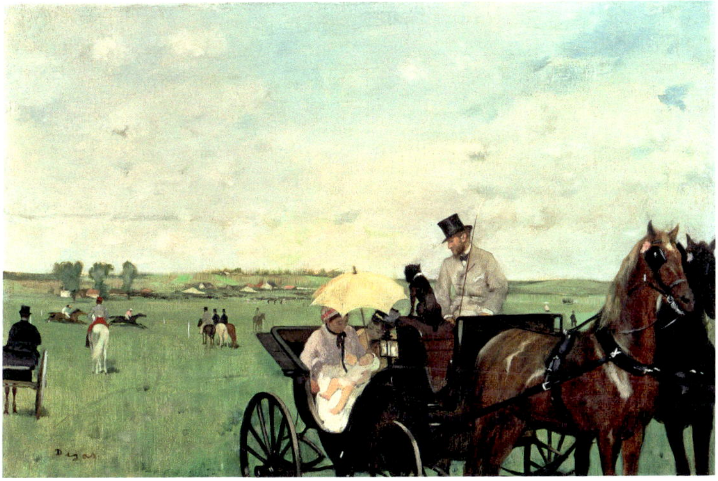

18 *Beim Rennen*, 1877–80, Öl auf Leinwand, 65,2 × 81,2 cm, Musée d'Orsay, Paris

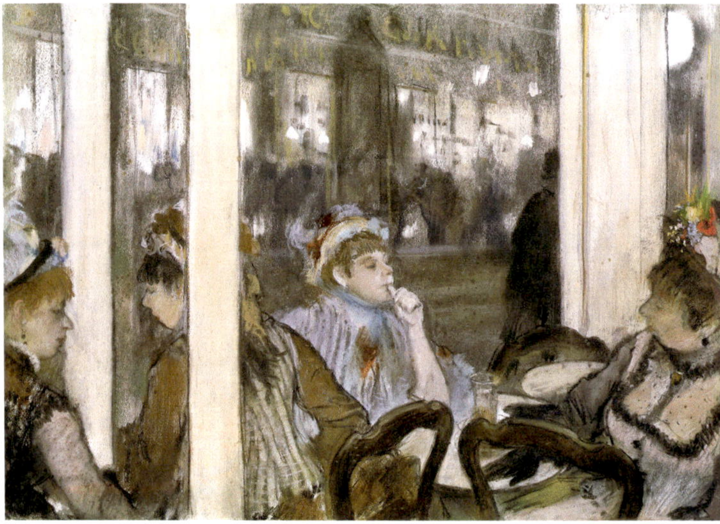

19 *Frauen nachts auf der Terrasse eines Cafés*, 1877, Pastell auf Monotypie, 41 × 60 cm, Musée d'Orsay, Paris

Pferde von Eadweard Muybridge bekannt sind.[12] Einige von Muybridges Fotoserien beweisen erstmals, dass Pferde im Galopp tatsächlich kurzfristig mit allen vier Hufen in der Luft sind – allerdings zu einem anderen Zeitpunkt als zuvor vermutet. Degas nimmt dies zur Kenntnis, es wirkt sich aber nicht maßgeblich auf seine Kunst aus, wovon das Wachsmodell *Trabendes Pferd, die Füße berühren den Boden nicht* zeugt, das noch den »falschen« Moment zeigt.

ARABESQUE – ENDGÜLTIG: MALER DES MODERNEN LEBENS

Im Jahr 1874 stirbt Degas' Vater Auguste, und es stellt sich schnell heraus, dass die Familienbank sowie das Handelsunternehmen seines Bruders René insolvent sind und Edgar für die Schulden aufkommen muss.[13] Nun steht endgültig fest, dass Degas gezwungen ist, mit der Malerei Geld zu verdienen. Er wendet sich neuen Bildthemen zu, von denen er hofft, dass sie beim Publikum Anklang finden, insbesondere den Tanzklassen der Pariser Oper.[14] Den Beginn seiner Auseinandersetzung mit Ballettszenen

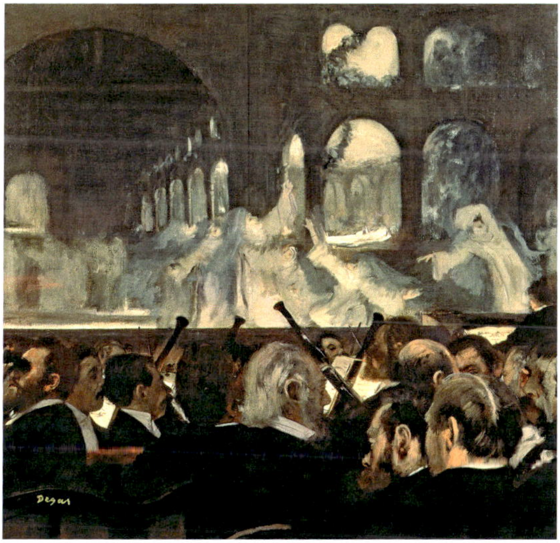

20 *Ballettszene aus der Oper Robert le Diable*, 1876, Öl auf Leinwand, 76,6 × 81,3 cm, Victoria and Albert Museum, London

21 *Ballettsaal der Oper in der Rue Le Peletier*, 1872, Öl auf Leinwand, 32,7 × 46,3 cm, Musée d'Orsay, Paris

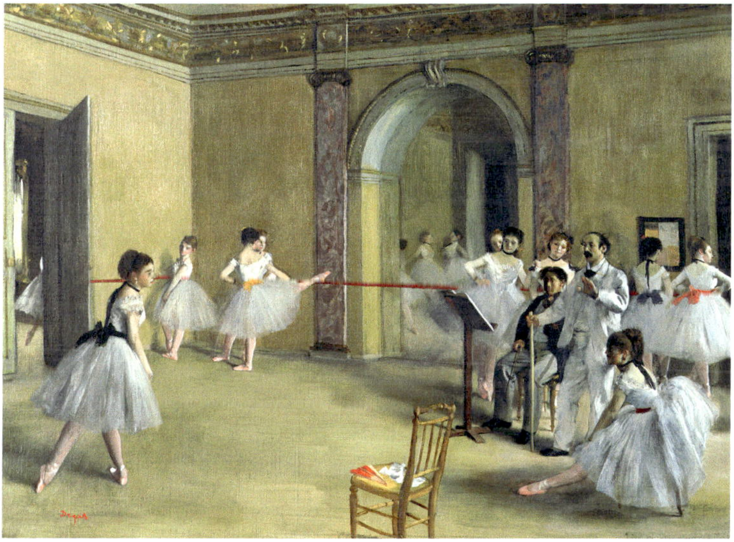

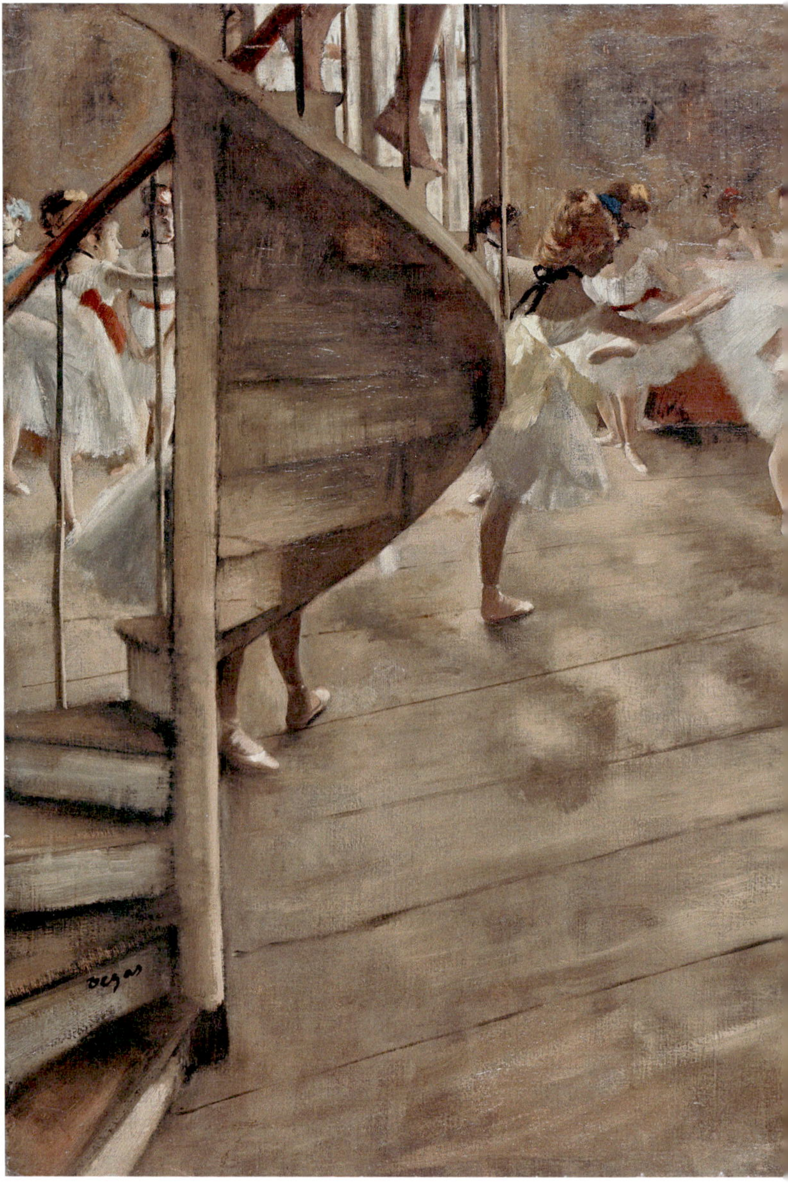

22 *Die Probe*, um 1874, Öl auf Leinwand, 58,4 × 83,8 cm, The Burrell Collection, Glasgow

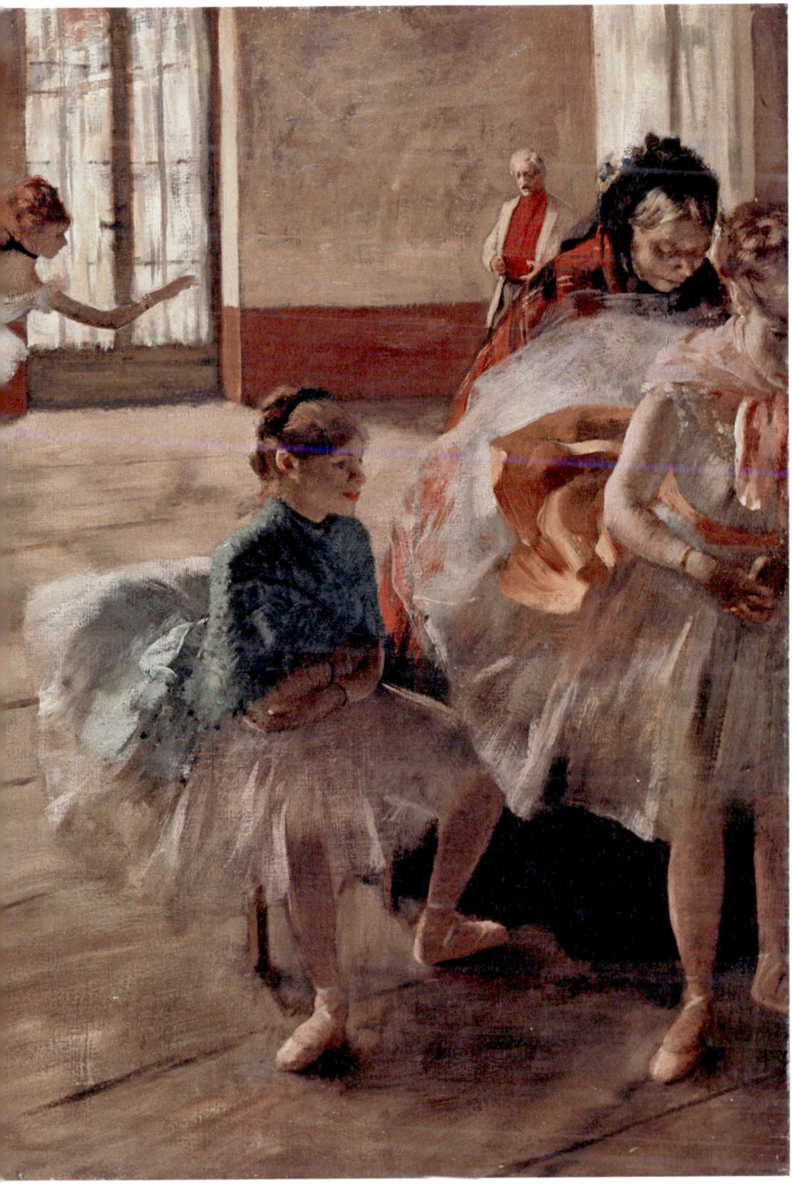

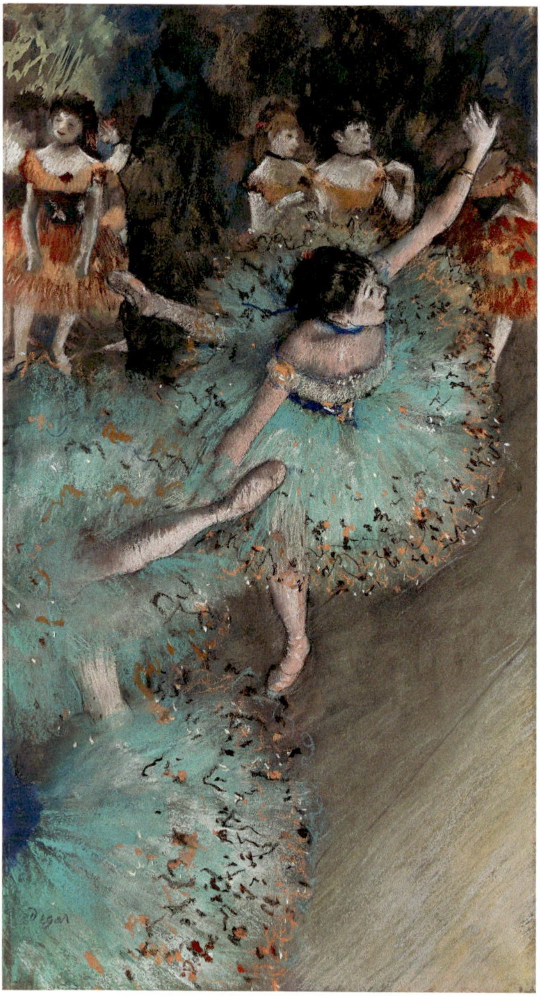

23 *Tänzerinnen in Grün*, 1877–79, Pastell und Gouache auf Papier, 64 × 36 cm, Museo Thyssen-Bornemisza, Madrid

markiert das erste der beiden Bilder von Giacomo Meyerbeers Oper *Robert le Diable* aus dem Jahr 1871 (20). 1876 malt er für den mitwirkenden Bariton Jean-Baptiste Faure diese Motive noch einmal. Der Ankauf dieser Gemälde für die Londoner Dependance von Degas' Galleristen Paul Durand-Ruel dürfte den Künstler zur weiteren Auseinandersetzung mit diesem

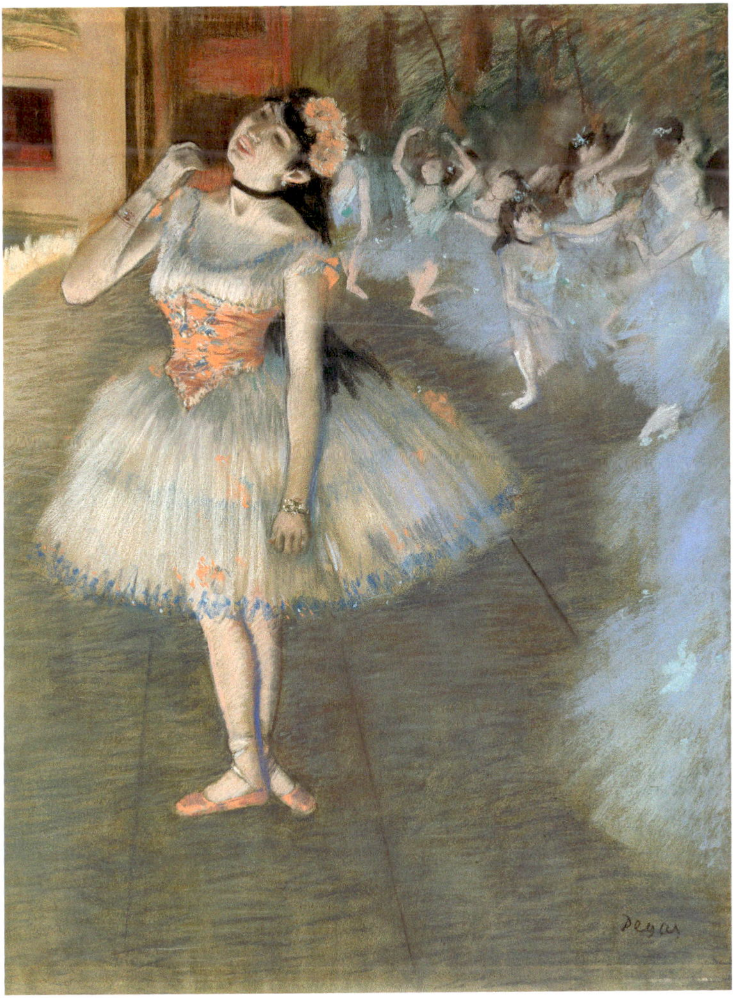

24 *Der Star*, 1879–81, Pastell auf cremefarbenem Velin, kantenmontiert auf Karton, 73,3 × 57,4 cm, Art Institute, Chicago

Thema ermutigt haben. In der Folge widmet er viele Bilder den sogenannten *rats de l'opéra*, den »Ballettratten«, wie sie Balzac in *Les Comédiens sans le savoir* von 1846 nannte.[15] Diese jungen Mädchen der unteren Mittelschicht bzw. ihre Eltern versuchten, das Einkommen und die Karriere des Kindes als Sprungbrett in ein besseres Leben zu nutzen.

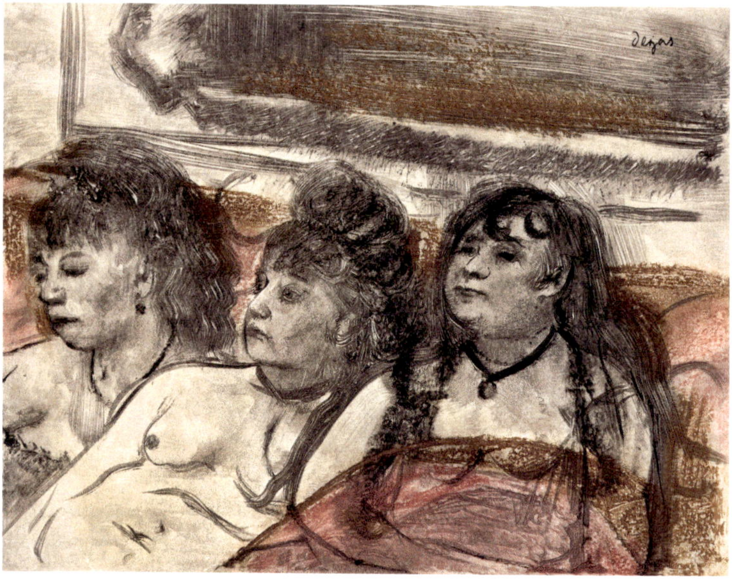

25 *Drei Prostituierte*, um 1879, Pastell auf Monotypie auf Papier, 16 × 21,5 cm, Rijksmuseum, Amsterdam

Degas' Ballett-Bilder stehen bis heute sinnbildlich für sein gesamtes künstlerisches Schaffen. Sie entstehen aus Versatzstücken, Modellen, fotografischen Vorlagen sowie seinen eigenen Erlebnissen und Notizen zu den Aufführungen, die er als begeisterter Operngänger zweimal pro Woche besucht, und seinem künstlerischen Arrangement dieser Inspirationsquellen. Daraus formt er die Wirklichkeit seiner Ballettproben und kommentiert selbst: »Man braucht nur hinzuschauen, ich habe nichts erfunden«.[16] Es entstehen kleinformatige und größere Bilder mit fast schon cineastisch anmutenden Bildausschnitten, gefüllt mit optischen Reizen, auf die Degas besonderen Wert legt, und farblich hochsensitiv abgestuften Farbnuancen, die in Details wie den Schleifen der Tänzerinnen aufgebrochen werden. Beispiele dafür sind *Der Tanzunterricht* (1) und der *Ballettsaal der Oper in der Rue Le Peletier* (21). Ein weiteres schönes Beispiel für Degas' Bildausschnitte ist *Die Probe* von ca. 1874 (22): Die Wendeltreppe im linken Bilddrittel verdeckt die Tanzenden großteils. Auf ihren Stufen erkennen wir, vom Bildrand beschnitten, ein herabsteigendes Beinpaar. Am rechten Bildrand, ebenfalls stark angeschnitten, bereiten sich Tänzerinnen mit der

Unterstützung einer älteren Dame auf die Probe vor, während im Hintergrund der in mehreren Bildern zitierte Tanzmeister zu sehen ist.

Degas' Interesse gilt aber auch der Wirkung des Bühnenlichts sowie der Effekte, die entstehen, wenn Licht und Kostüme in der Bewegung miteinander reagieren. Dazu notiert er: »Der Reiz liegt darin, nicht die Lichtquelle zu zeigen, sondern die Wirkung des Lichts. Dieser Teil der Kunst kann heute gewaltige Bedeutung erlangen.«[17] Diese Überlegungen münden in Degas' Pastelle, die durch seine unterschiedlichen Bearbeitungen bis heute ihre Leuchtkraft behalten haben (23, 24). Degas ist ein ruheloser, getriebener Künstler, der ständig seine Methoden und Herangehensweisen variiert und weiterentwickelt, dabei in seinen Augen aber nie am Ziel ankommt: »Glücklicherweise habe ich meine Methode noch nicht gefunden. Es würde mich nur langweilen.«[18]

Er experimentiert mit verschiedenen Drucktechniken, Monotypien, Pastellen über Monotypien (25), verschiedenen Malgründen, ist leidenschaftlicher Fotograf und formt schließlich auch Skulpturen in Wachs, die nach seinem Tod teilweise in Bronze gegossen werden (26). Nur eine davon

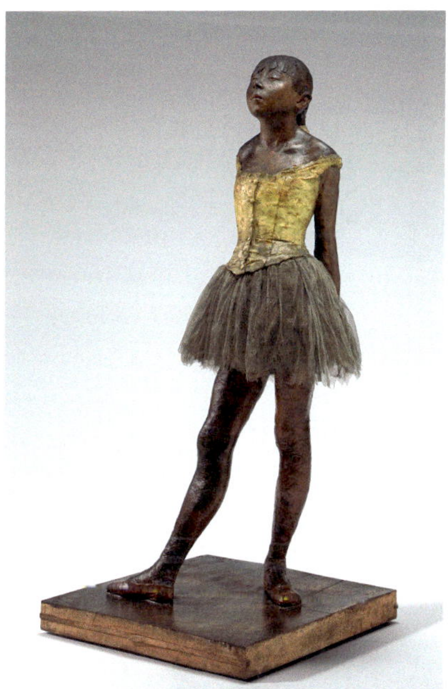

26 *Kleine Tänzerin von 14 Jahren,* um 1878–81, pigmentiertes Bienenwachs, Ton, Metallarmatur, Seil, Pinsel, Menschenhaar, Seiden- und Leinenband, Mieder aus Baumwollfilet, Tutu aus Baumwolle und Seide, Leinenpantoffeln, auf Holzsockel, 98,9 × 34,7 × 35,2 cm, National Gallery of Art, Washington D.C.

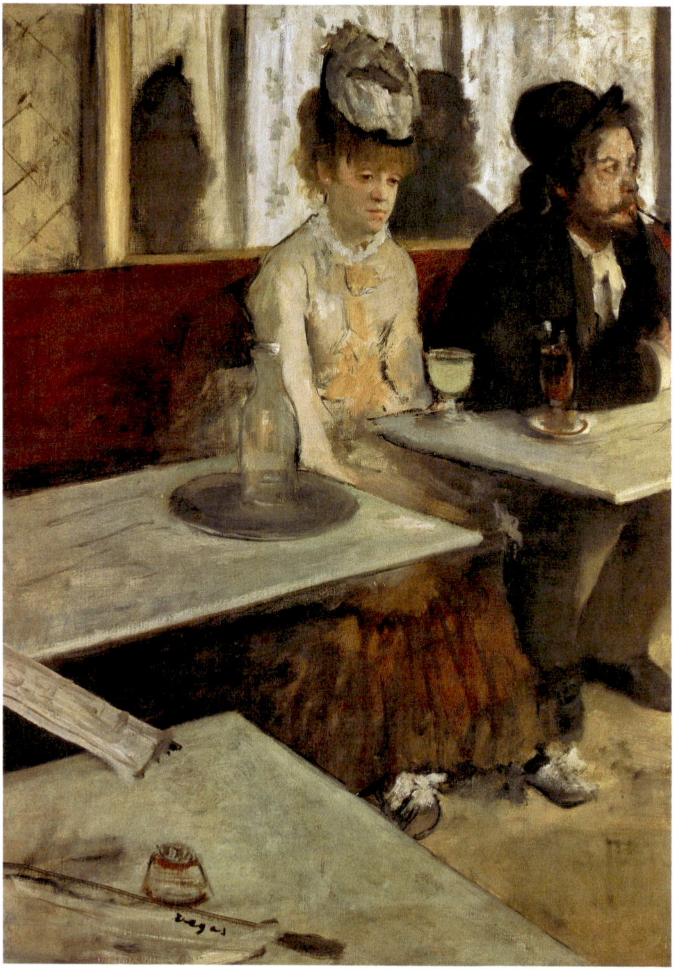

27 *Absinth*, um 1875/76, Öl auf Leinwand, 92 × 68,5 cm, Musée d'Orsay, Paris

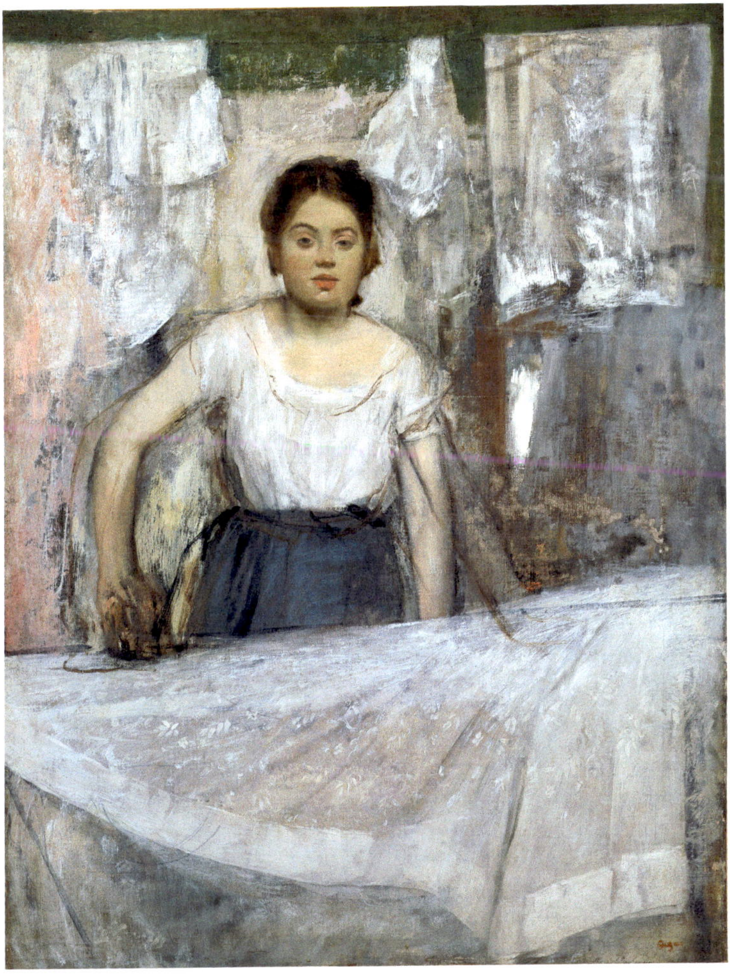

28 *Die Büglerin*, um 1869, Öl auf Leinwand, 92,5 × 73,5 cm, Alte Pinakothek, München

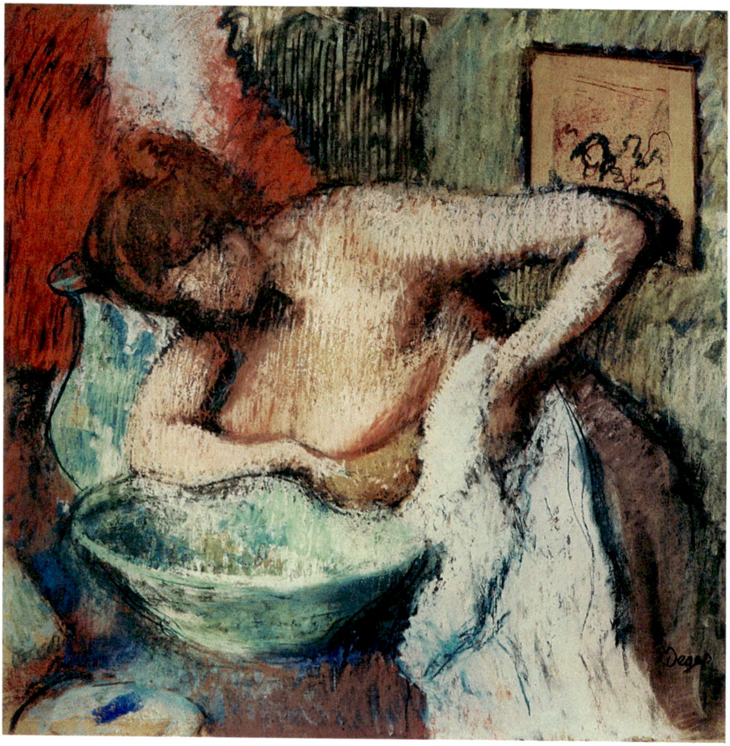

29 *Die Toilette*, um 1897, Pastell auf Papier, 60 × 61 cm, Florence Gould Collection, New York

stellt er 1881 im Rahmen der Sechsten Impressionistenausstellung aus: Die *Kleine Tänzerin von 14 Jahren* (26) – geformt aus Wachs, mit einer Samtschleife, textiler Kleidung und einer Echthaarperücke versehen – wird in einer Glasvitrine präsentiert wie antike Kindermumien und erhält dadurch einen hohen Grad an Verismus. Degas kombiniert dies mit der gleichzeitigen Präsentation des Pastells *Kriminelle Physiognomien*, das zwei verurteilte Mörder zeigt. Die zeitgenössische Kritik und der Diskurs, der hervorgerufen wird vom Spannungsverhältnis zwischen den Straftätern und dem Kind, das von einigen als verruchte Ballettratte, von anderen als Opfer des Systems angesehen wird, hallt bis heute nach. Diese Episode veranschaulicht auch Degas' Empathie für die Stimmung innerhalb der Gesellschaft und seine Suche nach neuen Ausdrucksweisen.[19]

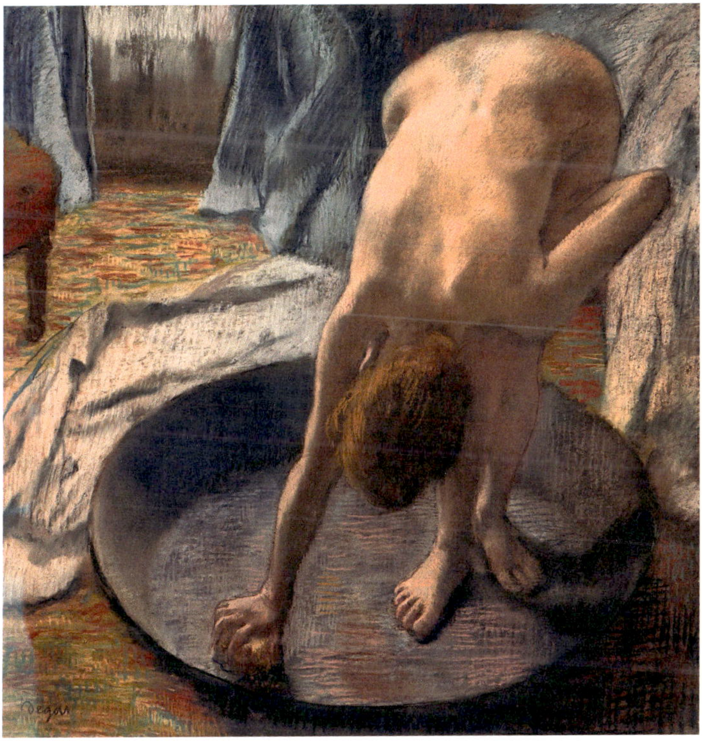

30 *Die Wanne*, 1885/86, Pastell auf blau-grauem Papier, 69,9 × 69,9 cm, Hill-Stead Museum, Farmington, Con.

Als letztem großem Thema – neben einer Reihe genrehafter Darstellungen des täglichen Lebens wie *Absinth* (27), *Die Büglerin* (28) oder *Im Konzert-Café »Les Ambassadeurs«* – widmet er sich in ebenfalls serieller Weise und verschiedensten Modi dem Motiv der Frau bei der Toilette. In gewisser Weise ein Thema, dessen Ausgangspunkt Degas' großes Vorbild Ingres mit seinem ikonografischen Gemälde *Die Badende von Valpinçon* aus dem Jahr 1808 bildet. Degas' Blick auf Frauen ist für seine Zeit bemerkenswert – für einige seltsam, für andere revolutionär. Seine Kunst folgt keinem Ideal und keiner Überästhetisierung. Seine Darstellung des weiblichen Körpers verleitet Zeitgenossen dazu, im Künstler einen »grausamen Beobachter« zu sehen (29, 30).[20] Doch das Gegenteil dürfte der Fall sein. Die Darstellungen sollten nicht als Ausdruck von Misogynie gelesen werden, sondern als

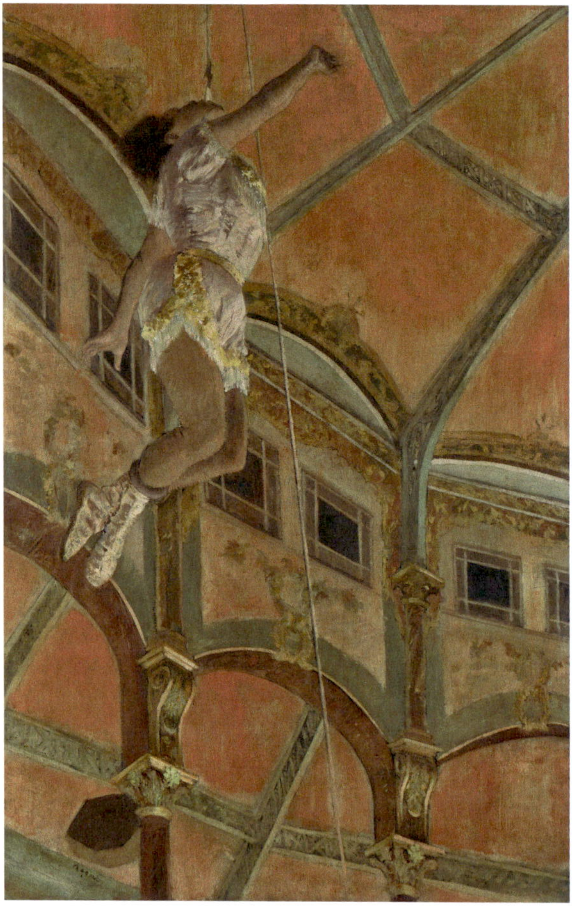

31 *Miss Lala im Zirkus Fernando*, 1879, Öl auf Leinwand, 117,2 × 77,5 cm, National Gallery, London

facettenreicher Blick auf die Gesellschaft, manchmal sarkastisch oder augenzwinkernd, doch gewiss als Gegenentwurf zur klassischen Auffassung. Werner Hofmann folgend, dürfte der »Schlüssel« zu Edgar Degas' Bilderkosmos in dem von Edmond Duranty geprägten Begriff des »sozialen Helldunkels« liegen.[21] Seine kühnen und innovativen Neuerungen in der Bildkomposition, den Motiven und dem Einsatz der Drucktechniken machen ihn zu einem der größten Impulsgeber für die folgende Generation von Künstlern auf dem Weg in die Moderne. Ihnen dürfte Degas viele Türen geöffnet haben.

GERALD DAGIT *ist als Kunsthistoriker am Lehrstuhl für Kunstgeschichte der Universität Regensburg tätig. Seine Forschungsschwerpunkte liegen in der Frühen Neuzeit, der Moderne und der Digitalen Kunstgeschichte. Dagit ist u. a. Autor des Werkes* Hans Mielich und die gefräßige Zeit, *2022 erschienen im Hirmer Verlag.*

1 Zitiert nach Richard Kendall, *Degas by himself. Drawings, prints, paintings, writings*, London 1987, S. 7.
2 Denys Sutton, *Edgar Degas*, München 1984, S. 15.
3 Mittlerweile zu großen Teilen als Volldigitalisate über die Homepage der Bibliothèque Nationale abrufbar: gallica.bnf.fr
4 Sutton 1984, S. 77.
5 Zitiert nach George Moore, »The Painter of Modern Life«, in: *Magazine of Art*, Bd. 13, 1890, S. 423; Übersetzung durch den Autor.
6 Bernd Growe, *Edgar Degas 1834–1917. Auf dem Parkett der Moderne*, Köln 2013, S. 29.
7 Charles Baudelaire, *Das Schöne, die Mode und das Glück: Constantin Guys, der Maler des modernen Lebens*, Berlin 1996. Erstmals erschienen unter dem Titel »Le peintre de la vie moderne« in drei Teilen in: *Le Figaro*, 26.11., 29.11. und 3.12.1863.
8 Marcel Guerin (Hrsg.), *Edgar Germain Hilaire Degas. Letters*, Oxford 1947, Nr. 19.
9 Marni Reva Kessler, »Parsing Edgar Degas's *Le Pédicure*«, in: *Nineteenth-Century Art Worldwide 13*, Nr. 2 (Herbst 2014), www.19thc-artworldwide.org/autumn14/kessler-on-parsing-edgar-degas-le-pedicure (27.2.2024). Übersetzt durch den Autor: »Nothing is as difficult as doing family portraits. To make a cousin sit for you who is feeding an imp of two months is quite hard work. To get young children to pose on the steps is another job of work which doubles the fatigue of the first.«
10 Sutton 1984, S. 99f.
11 Vgl. dazu beispielsweise Anett Göthe, »Degas und der Japonismus«, in: *Degas. Klassik und Experiment*, hrsg. von Alexander Eiling, Ausst.-Kat. Staatliche Kunsthalle Karlsruhe 2014, München 2014, S. 54–65.
12 Sutton 1984 (wie Anm. 2), S. 147.
13 *Degas*, hrsg. von Jean Sutherland Boggs u. a., Ausst.-Kat. Galeries nationales du Grand Palais, Paris / National Gallery of Canada, Ottawa / Metropolitan Museum of Art, New York 1988–89, New York 1988, S. 212.
14 Carol Armstrong, *Odd Man Out. Readings of the Work and Reputation of Edgar Degas*, Chicago 1991, S. 62–70.
15 Honoré de Balzac, *Les Comédiens sans le savoir*, erstmals in: *Le Courrier français*, 14.–18. und 22.–24. April 1846 (Nr. 103ff.).
16 Growe 2013 (wie Anm. 6), S. 91.
17 Zitiert nach Sutton 1984 (wie Anm. 2), S. 175.
18 Theodore Reff, »The Technical Aspects of Degas's Art«, in: *The Metropolitan Museum Journal*, Bd. 4, New York 1971, S. 141.
19 Cornelia Schuon, *Wahrnehmung und Darstellung von Wirklichkeit in der Krise. Exemplarische Analysen zu Realismuskonzepten von Édouard Manet und Edgar Degas*, Dissertation, Bonn 2016, S. 179–187.
20 Zitiert nach Michael F. Zimmermann, »Degas' ›grausamer Beobachter‹. Die bio-medizinischen Grundlagen des soziologischen Blicks«, in: Robert Felfe und Maurice Saß (Hrsg.): *Naturalismen: Kunst, Wissenschaft und Ästhetik* (Naturbilder / Images of nature 9), Berlin 2019, S. 171–188, hier S. 184.
21 Werner Hofmann, *Degas und sein Jahrhundert*, München 2007, S. 9.

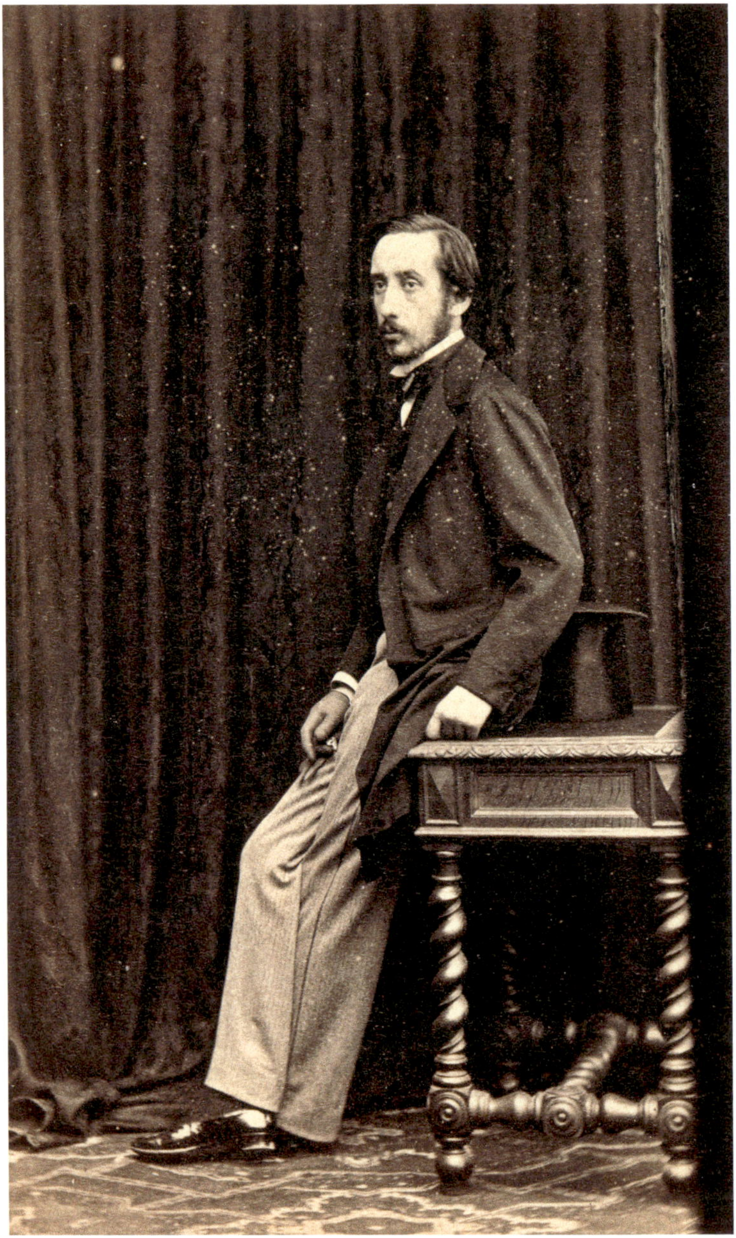

32 Edgar Degas, um 1860, Foto: Joseph Tourtin

BIOGRAFIE

Edgar Degas
1834–1917

1834 Am 19. Juli wird Edgar Degas in Paris als erstes Kind von Auguste de Gas und Marie-Célestine Musson geboren.

1845 Degas besucht das Gymnasium Louis-le-Grand und macht dort die Bekanntschaft mit Paul Valpinçon und Ludovic Halévy.

1847 Degas' Mutter stirbt im Alter von 32 Jahren.

1853 Nach seiner Zeit am Gymnasium besorgt sich der junge Degas die Erlaubnis, im Louvre nach den Originalen zu malen sowie zwei Tage in der Woche im Kupferstichkabinett der Nationalbibliothek. Er selbst erklärt sich als Schüler Félix-Joseph Barrias. Im November schreibt sich Degas an der juristischen Fakultät ein – ohne das Studium je zu beginnen.

1854 Seine erste dokumentierte Kopie ist das *Porträt eines jungen Mannes* von Franciabigio (damals noch Raffael zugeschrieben).

1855 Degas wird nach erfolgreichem Auswahlverfahren an der École des beaux-arts angenommen. Erstes Treffen mit Ingres.

1856–1859 Reisen nach Neapel, Civitavecchia und Rom, auf denen Degas viele Gelegenheiten zur Auseinandersetzung mit den Alten Meistern wahrnimmt. Das Porträt seiner Cousine Giulia Bellelli entsteht. 1858 freunden sich Degas und Gustave Moreau in der Villa Medici in Rom an. Es folgen Aufenthalte in Florenz, Siena, Pisa und Livorno.

1859 Im April kehrt Degas nach Paris zu seinem Vater zurück und findet ein Atelier in der heutigen Rue Laval.

1861 Edgar Degas kopiert wieder im Louvre. Vor Velazquez' Porträt der *Infantin Marguerite* spricht ihn Edouard Manet an und staunt über Degas' Kühnheit, direkt auf die Kupferplatte zu zeichnen. Die beiden unterschiedlichen Charaktere verbindet ab da eine lebenslange – nicht immer konfliktfreie – Freundschaft. Degas lernt auch Manets Schwägerin Berthe Morisot kennen. 1868 meldet sich Degas ein letztes Mal als Kopist im Louvre an.

1866 Im Salon stellt Degas das Gemälde *Hindernisrennen* aus.

1867 Degas fertigt drei Porträtzeichnungen Manets an, die zahlreiche Auflagen erleben. Aus der Pariser Kunstszene gibt es Forderungen nach einem Salon des Refusés. Degas unterzeichnet die Petition nicht, schreibt aber einen anonymen Leserbrief, in dem er eine Reform des Auswahlsystems für den Salon fordert.

1870–1871 Nach Ausbruch des Deutsch-Französischen Krieges meldet sich Degas im August zur Verteidigung von Paris. Er wird mit seinem Freund Henri Rouart der Artillerie unterstellt. Nach dem Waffenstillstand und der Kapitulation von Paris schreibt Berthe Morisot aus Paris an ihre Schwester Edma: »Herr Degas ist immer noch derselbe, ein bisschen verrückt, aber charmant im Geiste.«

1872 Der Kunsthändler Paul Durand-Ruel kauft drei Werke von Degas. Dieser besucht seine Familie in New Orleans in den Vereinigten Staaten.

1873 Edgar Degas, Claude Monet, Camille Pissarro, Berthe Morisot, Paul Cézanne u. a. gründen die Société anonyme coopérative des artistes peintres, sculpteurs et graveurs. Degas ist gegen den Namen, kann sich aber nicht durchsetzen. Die Künstler wollen unabhängige Ausstellungen ohne Jury veranstalten, die gezeigten Werke verkaufen und eine eigene Zeitschrift herausgeben.

1874 Degas' Vater stirbt in Neapel und hinterlässt seinen Erben einen Berg Schulden. Die erste Ausstellung der Société anonyme erfährt breite Ablehnung in der Öffentlichkeit. Lediglich Degas, der mit zehn Gemälden auftritt, erntet einige positive Kritiken. Die Société löst sich daraufhin auf.

1876 Die neue Mode der Konzertcafés in Paris beflügelt Degas' Kunstschaffen, der sich an diesem Thema abarbeitet. In der Galerie Durand-Ruel in der Rue Le Peletier 11 wird die Zweite Impressionistenausstellung eröffnet, wie sie ab jetzt genannt wird. Degas stellt 22 Werke aus, von denen fast alle zum Verkauf stehen. Eine neue Wohnung und ein neues Atelier findet der Künstler in der Rue Frochot 4. In London werden Degas' Werke immer beliebter. Aus Briefen geht hervor, dass sein dortiger Kunsthändler Charles W. Deschamps ihm 7000 Francs aus Verkäufen schuldet. Degas erforscht die Druckverfahren und arbeitet an der Herstellung von Monotypien und Drucken.

1877 Eröffnung der Dritten Impressionistenausstellung bei Durand-Ruel. Degas stellt drei Gruppen von Monotypien und 23 Gemälde und Pastelle aus – darunter Szenen aus einem Café-Konzert, die von mehreren Kritikern gelobt werden.

1878 Die Société des amis des arts de Pau stellt Degas' *Das Baumwollkontor in New Orleans* aus. Anschließend erwirbt das Kunstmuseum der Stadt das Werk. Es bleibt die einzige Arbeit, die bereits zu Degas' Lebzeiten in einem Museum ausgestellt wird. *Die Ballettprobe* (1874) wiederum wird das erste Werk des Künstlers, das öffentlich in Nordamerika ausgestellt wird. Es wird im Rahmen der Eleventh Annual Exhibition of the American Water Color Society gezeigt.

1879 Degas besucht eine Aufführung im Zirkus Fernando. Dort fertigt er mehrere Studien für das in extremer Untersicht (*sotto in su*) ausgeführte Werk *Miss Lala im Zirkus Fernando* (31) an. Die Vierte Impressionistenausstellung wird eröffnet, an deren Vorbereitung Degas aktiv mitgewirkt hat. Er zeigt 20 Gemälde und Pastelle sowie fünf bemalte Stoffe für Fächer.

1880 Degas und Manet sehen um 1880 im Haus des Kritikers und Kunsthistorikers Philippe Burty dem japanischen Künstler Watanabe Seitei beim Malen zu. Eröffnung der Fünften Impressionistenausstellung, auf der Degas acht Gemälde und Pastelle, zwei Gruppen von Zeichnungen und eine Gruppe von Drucken ausstellt.

1881 Degas fertigt das Porträt von *Edmond Duranty* und *Lyda (Frau mit dem Fernglas)* an. Eröffnung der Sechsten Impressionistenausstellung. Aufgrund eines Streits zwischen Degas und Gustave Caillebotte zieht dieser seine Werke daraus zurück. Degas stellt vier Porträts und – publikumswirksam erst mit Verspätung ab Mitte April – die Skulptur *Kleine Tänzerin von vierzehn Jahren* (26) aus. Sie wird wie eine Votivgabe in einen gläsernen Schaukasten gehoben.

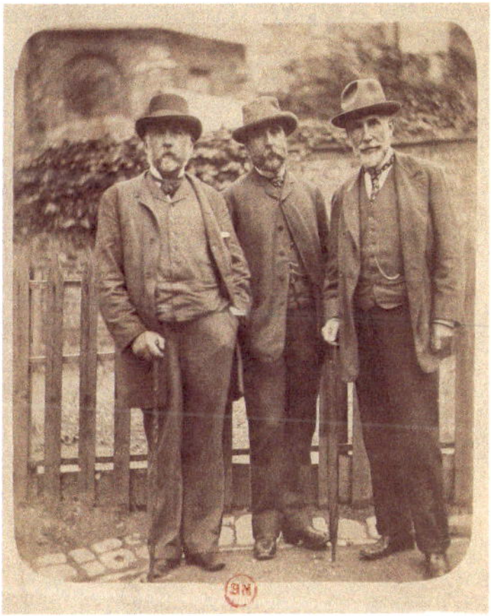

33 Edgar Degas mit Ludovic Halévy (l.) und Albert Boulanger-Cavé (r.) in Dieppe, 1885

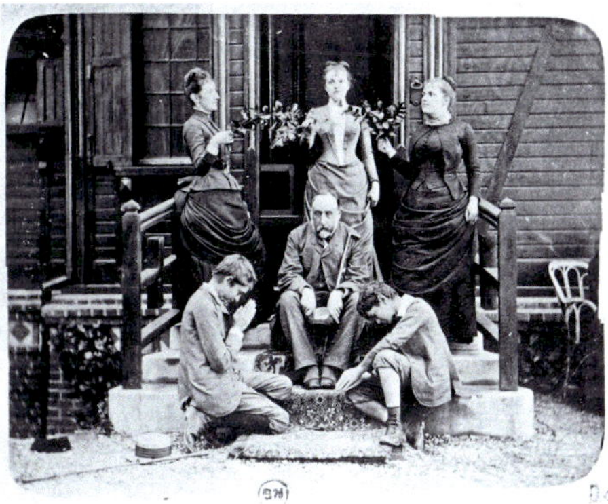

34 Die Apotheose von Degas, 1885, Foto: Walter Barnes

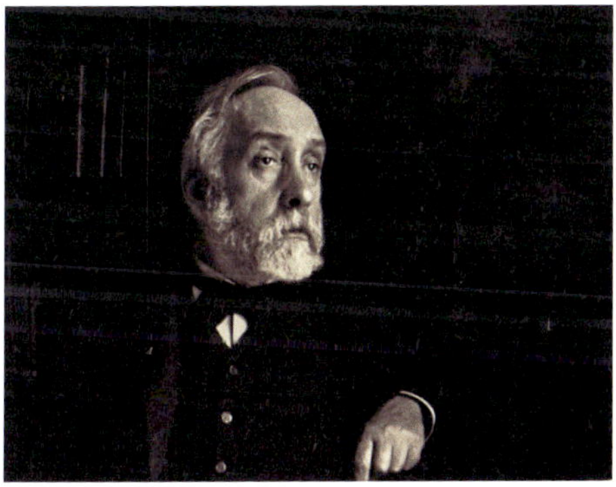

35 Selbstporträt, 1895

1882 Eröffnung der Siebten Impressionistenausstellung. Diesmal ist es Degas, der nach einem Streit mit Paul Gauguin seine Arbeiten zurückzieht und in diesem Jahr nicht ausstellt.

1883 Degas weigert sich – im Gegensatz zu Pissarro, Monet, Renoir und Sisley –, eine Einzelausstellung bei Durand-Ruel abzuhalten. Am 30. April stirbt Édouard Manet. Eine große Trauergemeinde begleitet den Verstorbenen an sein Grab auf dem Friedhof von Passy in Paris. Degas soll am Sarg gesagt haben: »Er war größer, als wir gedacht hatten.«

1885 Degas besucht zahlreiche Aufführungen in der Oper. Er ist von der Diva *Rose Caron* begeistert.

1886 Degas reist nach Neapel, wo er über den Verkauf seines Anteils am neapolitanischen Besitz an seine Cousine Lucie verhandeln will. Die Vorbereitungen für die nächste Impressionistenausstellung werden überschattet von Degas' Forderung, einige Künstler von der Ausstellung auszuschließen. In New York werden 23 Werke von Degas im Rahmen der Ausstellung »Works in Oil and Pastel by Impressionists of Paris« gezeigt. Die Achte Impressionistenausstellung wird eröffnet. Degas zeigt weniger Werke als angekündigt.

1887 Zwei Pastelle von Degas, die »Rennpferde und Jockeys« darstellen, werden in der Moore's Art Gallery in New York ausgestellt und anschließend versteigert.

1888 Durand-Ruel eröffnet eine Galerie in New York. Degas arbeitet leidenschaftlich an seinen Pferdeskulpturen. Er schreibt an den Bildhauer Albert Bartholomé: »Ich habe noch nicht genug Pferde gemacht.«

1889 Degas reist mit dem italienischen Maler Giovanni Boldini nach Madrid. Anschließend besucht er Tanger in Marokko. Über Cádiz und Granada kehrt er nach Paris zurück.

1890 Degas reist in Begleitung von Bartholomé nach Brüssel, unter anderem um Rose Caron in *Salammbô* zu hören. Den Rückweg planen sie über Amsterdam, Den Haag, Antwerpen, Harlem und Rotterdam.

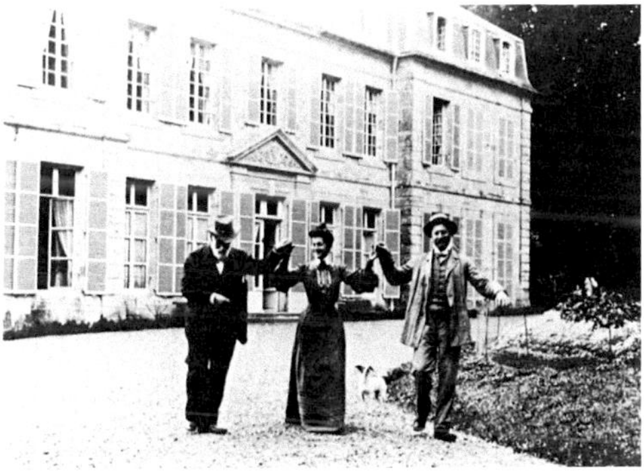

36 Edgar Degas mit Madame und Monsieur Jacques Fourcy im Park des Schlosses Ménil-Hubert, 1895

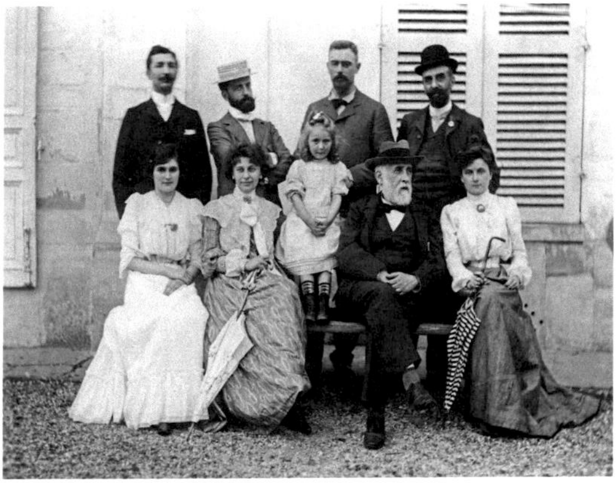

37 Edgar Degas mit Freunden und Familie, 1900

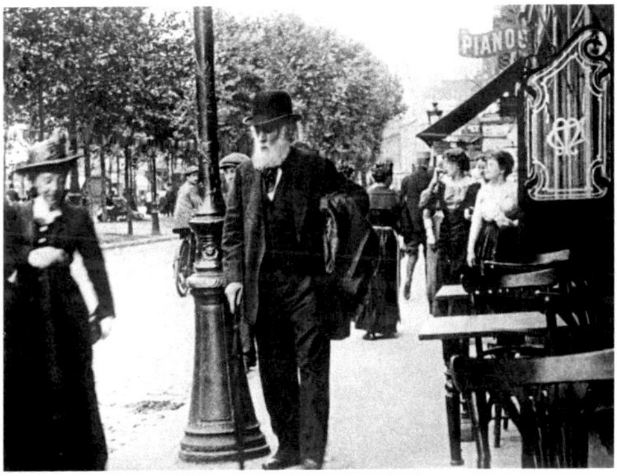

38 Edgar Degas in Paris, ca. 1905

1891 Degas ist nach wie vor von der Oper begeistert und sieht in diesem Jahr zum zehnten Mal *Aida* sowie zum sechsten Mal *Robert le Diable*. Zu Beginn des folgenden Jahres besucht er zum zwölften Mal *Wilhelm Tell*.

1892 Degas' erste Einzelausstellung findet in der Galerie Durand-Ruel statt und zeigt Landschaftsbilder.

1895 Am Tag vor ihrem Tod schreibt Berthe Morisot einen Abschiedsbrief an ihre Tochter Julie Manet: »Du wirst Herrn Degas sagen, dass er, wenn er ein Museum gründet, einen Manet auswählt.« Hier findet sich ein Hinweis auf Degas' lange gehegten Wunsch, ein eigenes Museum aus dem Grundstock seiner umfangreichen Kunstsammlung zu gründen.
Aus Mont-Dore, wo er eine Bronchitis auskuriert, schreibt Degas eine Reihe von Briefen an den Farbenhändler und Rahmenmacher Guillaume Tasset, der ihm bei der Entwicklung und dem Abzug seiner Fotografien hilft. Degas' Fotos wurden unmittelbar nach seinem Tod nicht als Kunst angesehen, was die gesicherte nachträgliche Zuordnung erschwert.

1896 Aus dem Nachlass Gustave Caillebottes werden sieben Pastelle von Degas in die öffentlichen Sammlungen von Paris aufgenommen.

1898 Mitten in der Dreyfus-Affäre berichtet Julie Manet von der antisemitischen Stimmung, von der auch Degas beeinflusst ist und deren Position er einnimmt: »Wir sind gegangen, um Herrn Degas einzuladen, aber wir haben ihn in einem solchen Zustand gegen die Juden vorgefunden, dass wir wieder gegangen sind, ohne ihn um etwas zu bitten.«

1900 Auf der Weltausstellung werden im Rahmen der Exposition centennale de l'art français auch zwei Gemälde von Degas ausgestellt.

1903 Degas berichtet in einem Brief an seinen Freund Louis Braquaval über seine Arbeit: »Diese Skulptur muss fertiggestellt werden, selbst wenn man dabei seinen alten Körper verliert. Ich werde gehen, bis ich falle, und ich fühle mich immer noch ziemlich aufrecht, trotz der 69 Jahre, die ich gerade alt geworden bin.«

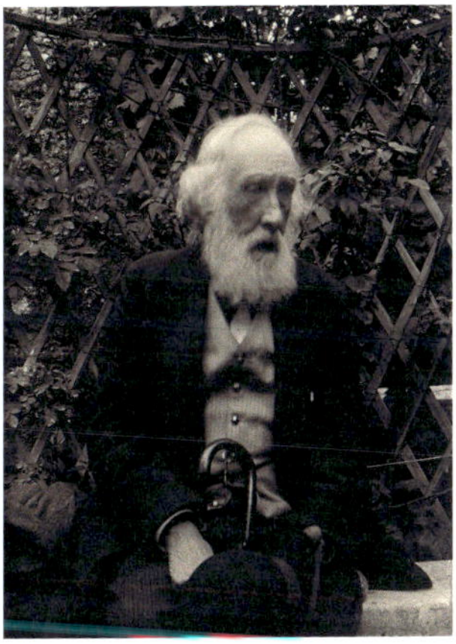

39 Edgar Degas, 1912

1904 Degas kündigt Durand-Ruel an, dass er ihm neue Werke vorlegen wird: »Ich rudere mit aller Kraft, um Ihnen bald etwas zu geben. Ich mache mir bittere Gedanken über meine Kunst. Dieses Alter zu erreichen, ohne jemals Geld verdienen zu können. Sie werden trotzdem etwas Neues sehen, das schon sehr weit fortgeschritten ist.«

1905 Eine von Durand-Ruel organisierte Ausstellung bei Grafton in London zeigt unter anderem 35 Werke von Degas.

1906 Degas verbringt die letzten drei Monate des Jahres in Neapel.

1908 Degas erblindet vollständig.

1912 Der Abriss seines Wohnhauses in der Rue Victor-Massé zwingt Degas zum Umzug. Er findet eine neue Unterkunft am Boulevard de Clichy 6. Der Maler ist von dem erzwungenen Umzug zutiefst erschüttert.

1917 Edgar Degas stirbt am 27. September an den Folgen eines Schlaganfalls.

1918 Erste von drei Auktionen der Edgar-Degas-Sammlung. Alle Werke, die der Maler gesammelt hatte, werden versteigert.

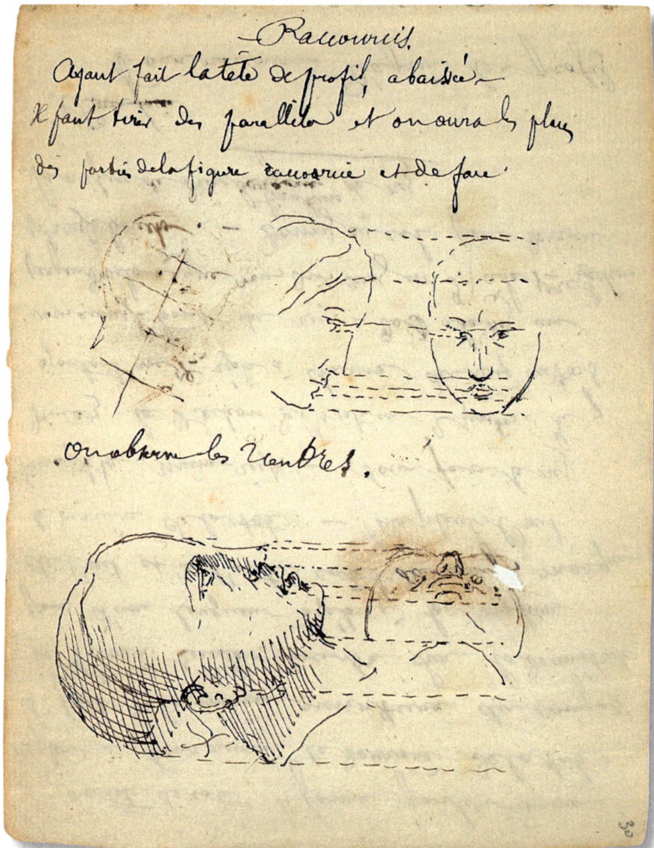

Edgar Degas' Reflexionen zu Jean Cousins Zeichenbuch *Livre de Pourtraicture*, das erstmals 1595 erschien und bis ins 19. Jahrhundert zahlreiche Neuauflagen erfuhr.

ARCHIV

Fundstücke, Dokumente
1856–1919

A PROPOS DU SALON

Au moment où l'on annonce que le jury de l'exposition des beaux-arts va *disposer* les œuvres d'art par rang de mérite, bas, haut et mitant, voici, à ce jury adressée, une ettre assez pratique d'un peintre de beaucoup de mérite, M. Degas, qui déjà réclamait, il y a deux ans, dans le *Figaro*.

DURANTY,

A Messieurs les jurés du Salon de 1870.

Voyons, messieurs du jury, ne vous découragez pas. Vous n'en avez pas fini.

Vous voilà donc maîtres d'organiser une Exposition. On vous dit très embarrassés. Dieu soit loué! L'administration l'était davantage depuis longtemps. Elle allait pourtant.

Il y a une chose à laquelle tout exposant a un droit indiscutable, et dont il n'a été jamais bien question dans les projets écrits et les conciliabules: c'est une place à son gré.

Il l'a déjà dans l'industrie. Un bottier, si peu d'espace qu'il obtient, s'expose comme il veut. Un peintre, non.

L'espace, ce n'est pas cela qui manque; on peut machiner ce palais, construit au dedans en fer et en minces cloisons, comme un théâtre. L'argent, il en faut peu pour une fête aussi simple, et les entrées sont là. Mais votre temps, votre attention, et un peu de votre devoir, messieurs, voilà le nécessaire.

Cochin, le graveur, fut souvent, au siècle passé, le *tapissier* des expositions. Diderot lui donnait ce nom, qui fut perdu tout à fait. Reprenez-le.

Il me semble que l'organisation du salon réclame quelques changements. Vous pourriez les faire, en bonne conscience.

Un ou deux de vous, une fois la chose arrêtée, seraient délégués à la surveillance. Des entrepreneurs de fêtes publiques, Belloir et Godillot, par exemple, seraient peut-être honorés d'être choisis comme exécuteurs et mêlés à l'administration des beaux-arts. Je vais vous soumettre tout cela, messieurs, bien simplement.

1° Ne mettre que deux rangs de tableaux et laisser entre eux un intervalle d'au moins 20 ou 30 centimètres, sans lequel on nuit à ses voisins et ils vous nuisent.

2° Prendre quelques salles des dessins pour y loger ce que cette première mesure élaguerait.

3° Disposer de grands et petits écrans, comme les Anglais en avaient à l'Exposition universelle, y placer les dessins délogés et les distribuer dans les deux grandes salles, dites dépotoirs, ou ailleurs. Vous avez pu voir combien ce moyen fort simple est de ressource. — Les dessins seraient tirés de leur désert et mêlés aux tableaux, ce qu'ils méritent.

Et même je crois que sur ces écrans, dans les salles ordinaires, en reléguant plus loin les bancs, il y aurait place pour nombre de tableaux. Leighton, qui a, en Angleterre, au moins la situation de Cabanel chez nous, avait un tableau placé sur un écran, et cela n'avait pas du tout l'air d'un affront.

4° Tout exposant aura le droit, au bout de quelques jours, de retirer son œuvre; car rien ne doit l'obliger à laisser en vue quelque chose dont il rougisse et qui lui nuise. Et puis, il ne fait pas partie d'un trophée. La symétrie n'a rien à faire avec une exposition. Après un départ, il n'y aura qu'à rapprocher les tableaux restants. Je crois que ces quelques jours sont une juste mesure, et qu'après ce temps il ne doit plus être permis de rien enlever.

5° Avec deux rangs de tableaux seulement, il arrivera ceci: l'exposant désigne sur sa notice celui des deux rangs où il veut être placé. La cimaise, la détestable cimaise, source de toutes nos discordes, ne sera plus une faveur, un hasard de commande. On la choisira pour ceci, on s'en passera fort bien pour cela. Telle peinture est faite pour être vue haut, telle autre pour être vue bas.

On le sait, la moyenne des tableaux implorant par leur taille la cimaise, est peut-être, avec cadre, de 1 mètre, et même moins. En sollicitant le second rang, on demandera donc tout simplement d'être placé à 2 ou 2 mètres 1/2 au-dessus du sol.

6° Les grands marbres, dont le poids et le maniement sont une grosse affaire, peuvent rester en bas; mais, on vous en supplie, distribuez-les sans symétrie. Quant aux médaillons, bustes, petits groupes, etc., il faut les mettre en haut, sur des tablettes ou sur des écrans. Si l'espace ordinaire ne suffit pas, faites ouvrir d'autres salles. Il ne saurait plus vous être rien refusé.

Je pourrais continuer.

Il a couru le bruit que vous divisiez les tableaux en trois catégories: la première placée sur la cimaise, la deuxième au-dessus, la troisième plus haut encore. Ce n'est qu'une mauvaise plaisanterie, n'est-ce pas?

Messieurs, songez que nous attendons beaucoup, et surtout du nouveau, de vous. Il n'est pas possible que nous devions être mal servis par nos confrères. — La question d'art n'a que peu de chose à faire dans une aussi vaste exposition.

La curiosité du public, qui est sot et sage tout à la fois et qui surtout doit être laissé libre, est la seule chose que vous devez, par égard pour lui et pour nous, bien soigner: nous sommes là ses humbles serviteurs.

En somme, votre amour-propre de juges une fois satisfait, soyez de bons tapissiers.

Agréez, Messieurs, etc. — *Degas.*

1 Offener Brief von Degas an »die Herren Jurymitglieder« in der Zeitung *Paris-Journal*, 12. April 1870, Seite 2

I

Seit einiger Zeit beschwerte man sich in der Pariser Kunstszene und darüber hinaus über die Auswahlkriterien für die Aufnahme in eine der damals wichtigsten Kunstausstellungen der Welt. Tausende Künstler reichten Abertausende von Gemälden ein. Obwohl viel gezeigt wurde, wurden auch bekannte Namen abgelehnt. Teilweise wurden die abgelehnten Kunstwerke mit einem eingestempelten »R« für refusé *(abgelehnt) auf dem Keilrahmen zurückgegeben, um sie zu brandmarken. 1863 fand zum ersten Mal der Salon des Refusés statt, auf dem unter anderem Manets* Frühstück im Freien *gezeigt wurde. 1867 unterzeichnete Manet zusammen mit vielen anderen Künstlern – darunter Bazille, Monet, Pissarro und Renoir – einen Brief an den Superintendanten der Schönen Künste, in dem sie erfolglos einen erneuten Salon de Refusés forderten. Degas, dessen Einsendungen im Salon angenommen wurden, unterschrieb die Petition nicht, schrieb aber einen anonymen Brief an* Le Figaro, *in dem er eine Neugestaltung des Systems der Zulassung zum Salon forderte. 1869 wurde Degas' Werk abgelehnt, 1870 wieder angenommen, trotzdem war er nun selbstbewusst genug, öffentlich Stellung zu beziehen, auf die Gefahr hin, es sich mit der Jury zu verderben, und schrieb einen offenen Brief an die Mitglieder, der in der Zeitung* Paris-Journal *veröffentlicht wurde:*

An die Herren Jurymitglieder des Salons von 1870,
nun meine Herren von der Jury, lassen Sie sich nicht entmutigen. Sie sind noch nicht fertig.
[…] Es gibt etwas, auf das jeder Ausstellende ein unbestreitbares Recht hat und von dem in den schriftlichen Projekten und den Besprechungen nie richtig die Rede war: nämlich auf einen Platz nach seinem Gutdünken.
[…]
Mir scheint, dass die Organisation des Salons einiger Veränderung bedarf. Sie könnten sie guten Gewissens ins Werk setzen.
[…]

1. Man richte nur zwei Reihen für die Hängung der Bilder ein und lasse zwischen ihnen mindestens 20 oder 30 Zentimeter Raum, sonst schadet man seinen Nachbarn, und diese schaden einem wiederum.
2. Man nehme einige Räume von den Zeichnungen, um dort die Bilder unterzubringen, die die erste Maßnahme wegfallen lässt.
3. Man stelle große und kleine Stellwände auf, wie sie die Engländer bei der Weltausstellung hatten, hänge dort die fortgenommenen Zeichnun-

gen auf und verteile sie [...]. Die Zeichnungen wären aus ihrer Wüste geholt und den Gemälden beigestellt, wie sie es verdienen. [...]

4. Jeder Ausstellende soll das Recht haben, sein Werk nach einigen Tagen fortzunehmen; denn nichts sollte ihn dazu zwingen, etwas zur Besichtigung hängenzulassen, dessen er sich schämt und das ihm schadet. [...]
5. Mit den nur zwei Bilderreihen ist folgendermaßen zu verfahren: Der Ausstellende bezeichnet auf seiner Notiz diejenige Reihe, in die seine Bilder gehängt werden sollen. Die Bildleiste, die schreckliche Bildleiste, Quelle aller unserer Händel, wird keine Gunst, kein Auftragszufall mehr sein. Man wird sie für manches wählen, für anderes wird man gern darauf verzichten. Manches Gemälde fordert, dass es in einer gewissen Höhe gesehen wird, ein anderes fordert eine tiefere Hängung. [...]
6. Die großen Marmorskulpturen, deren Gewicht und Transport keine Kleinigkeit ist, können unten bleiben, aber, bitte, verteilen Sie sie ohne Symmetrie. Was die Medaillons, Büsten, kleinen Figurengruppen etc. betrifft, so müssen sie erhöht, auf Simsen oder an Stellwänden platziert werden. Wenn der gewöhnliche Raum nicht ausreicht, lassen Sie weitere Räume eröffnen. Nichts kann Ihnen mehr verwehrt werden.

Ich könnte noch fortfahren.

Das Gerücht ist umgegangen, dass Sie die Bilder in drei Kategorien einteilen; die erste, die auf der Bildleiste gehängt wird, die zweite darüber, die dritte noch höher. Das ist nur ein schlechter Scherz, nicht wahr?

Meine Herren, denken Sie daran, dass wir viel und vor allem Neues von Ihnen erwarten. Es ist nicht möglich, dass wir von unseren Kollegen schlecht bedient werden sollten. – Die Frage der Kunst hat nur wenig Belang in einer so großen Ausstellung. Die Neugierde des Publikums, das töricht und klug zugleich ist und das vor allem nicht gegängelt werden darf, ist das einzige, was Sie aus Rücksicht darauf und auf uns im Auge behalten müssen: Wir sind seine ergebenen Diener. [...]

Meine Herren, seien Sie meiner Wertschätzung etc.

Degas

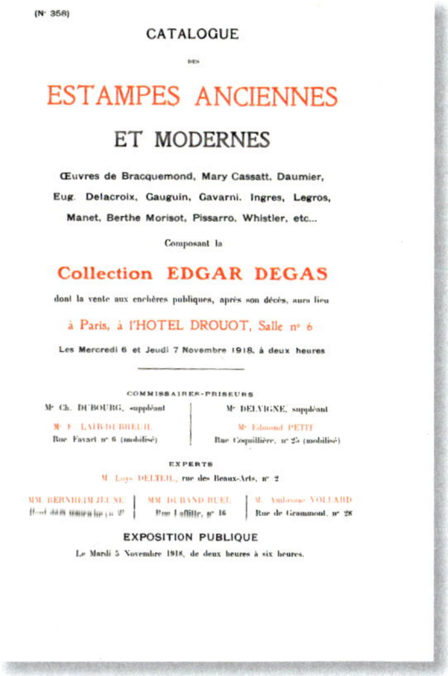

(Nº 358)

CATALOGUE

DES

ESTAMPES ANCIENNES

ET MODERNES

Œuvres de Bracquemond, Mary Cassatt, Daumier, Eug. Delacroix, Gauguin, Gavarni, Ingres, Legros, Manet, Berthe Morisot, Pissarro, Whistler, etc...

Composant la

Collection EDGAR DEGAS

dont la vente aux enchères publiques, après son décès, aura lieu

à Paris, à l'HOTEL DROUOT, Salle nº 6

Les Mercredi 6 et Jeudi 7 Novembre 1918, à deux heures

COMMISSAIRES-PRISEURS

Mᵉ Ch. DUBOURG, suppléant — Mᵉ DELVIGNE, suppléant

Mᵉ F. LAIR-DUBREUIL, Rue Favart nº 6 (mobilisé) — Mᵉ Edmond PETIT, Rue Coquillière, nº 25 (mobilisé)

EXPERTS

M. Loys DELTEIL, rue des Beaux-Arts, nº 2

MM. BERNHEIM JEUNE — MM. DURAND-RUEL, Rue Laffitte, nº 16 — M. Ambroise VOLLARD, Rue de Grammont, nº 28

EXPOSITION PUBLIQUE

Le Mardi 5 Novembre 1918, de deux heures à six heures.

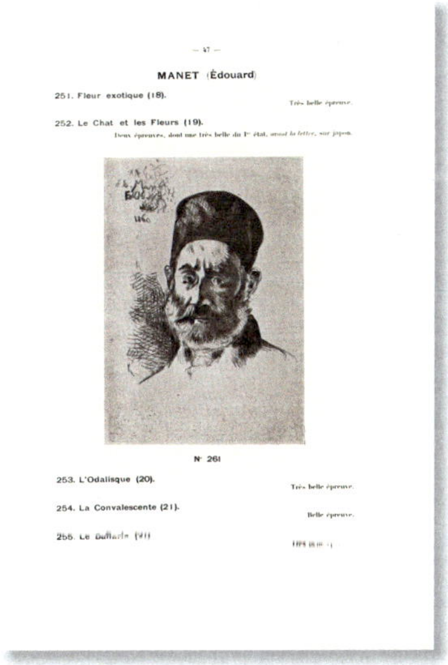

— 47 —

MANET (Édouard)

251. Fleur exotique (18). Très belle épreuve.

252. Le Chat et les Fleurs (19). Deux épreuves, dont une très belle du 1ᵉʳ état, avant la lettre, sur japon.

Nº 261

253. L'Odalisque (20). Très belle épreuve.

254. La Convalescente (21). Belle épreuve.

255. Le [illegible]

2

1918 und 1919 wurde Edgar Degas' Nachlass in acht Auktionen versteigert. Hier sind zwei Seiten eines Auktionskatalogs vom November 1918 zu sehen. Als bekannt wurde, dass die Sammlung und das Inventar des Ateliers unter den Hammer kommen sollten, strömten Sammler und Museen herbei, um etwas von den 8000 Objekten zu ergattern. Die Presse war fassungslos über die hohen Preise, die in den Verkaufsräumen gezahlt wurden, während sich das Land noch im Krieg befand. Die Auktionen waren ein großer Erfolg. Institutionen wie der Louvre, die Londoner National Gallery und das Victoria & Albert Museum tätigten Ankäufe. Die Sammlung bestand aus über 1000 Gemälden und Zeichnungen, dazu kamen 4000 Drucke. Von Alten Meistern bis hin zu Degas' Zeitgenossen war alles vertreten, allein von Manet besaß er neun Gemälde, zwei Pastelle, ein Aquarell, eine Zeichnung und fast achtzig Drucke. Daneben wurden auch seine eigenen Werke verkauft. Bei den Monotypien stieß man auf eine überraschende Serie, die Degas, inspiriert von

---

2 Auktionskatalog zur Versteigerung von Druckgrafiken aus Degas' Sammlung am 6. und 7. November 1918

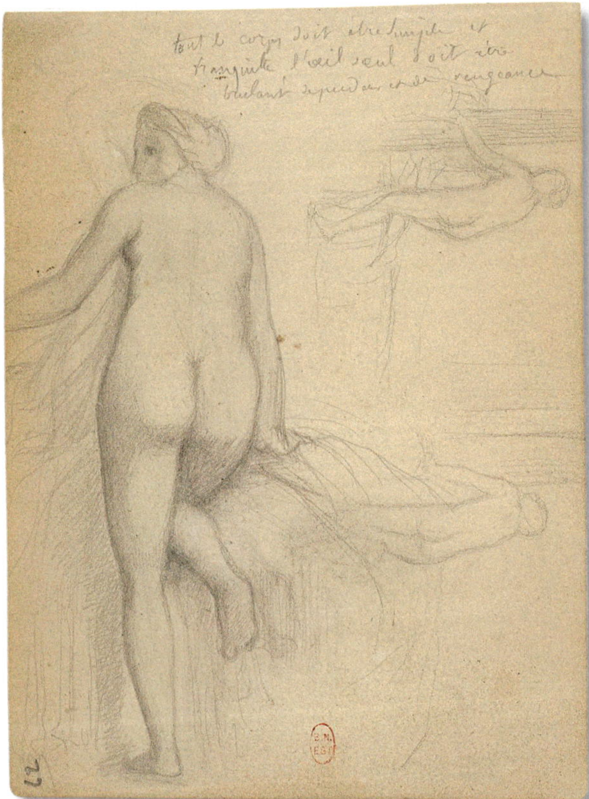

Pariser Bordellen, angefertigt hatte. Angeblich zerstörte René Degas einige zu explizite Darstellungen, bevor der Kunsthändler Ambroise Vollard sie erwerben konnte. Dieser gab die übrigen Drucke an den Stecher Maurice Potin weiter, 1935 erschienen dann zwei Mappenwerke mit Motiven der Serie.

3

Seit Mitte der 1850er-Jahre führte Edgar Degas seine carnets *mit sich. Vor allem auf seinen Reisen nutzte er sie sowohl als Skizzen- als auch als*

3a Carnet Nr. 11, Seite 62

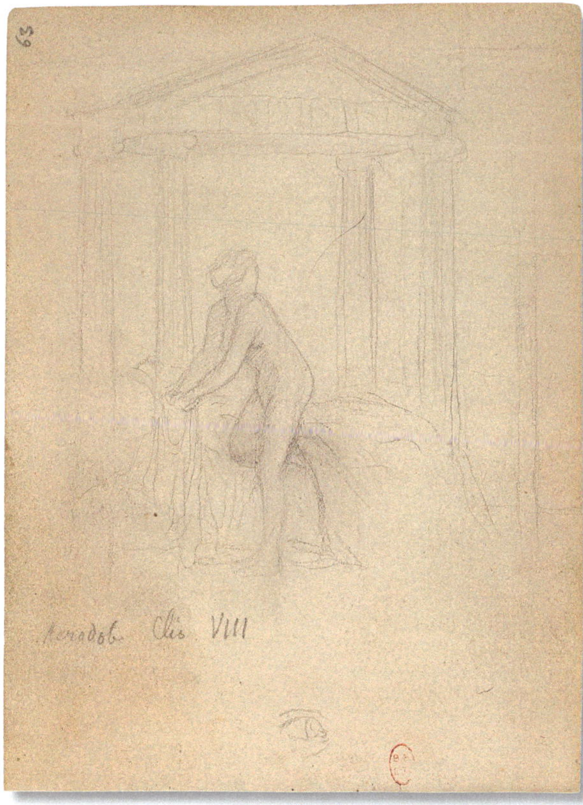

Notizbücher. Somit stehen neben Schiffsverbindungen und Zugabfahrtszeiten auch Degas' Gedanken zu Kompositionen, Farbtönen, Lichteinfall etc. darin. Es finden sich aber auch kurze Gedichte, Gedankengänge zu Alten Meistern und Listen seines Malereibedarfs. Beispielhaft sind hier zwei Seiten aus dem carnet *Nr. 11 aus dem Jahr 1856 abgebildet. Degas ist zu dieser Zeit in Italien und fertigt Studien für* Die Frau des Kandaules *an. Die Notiz besagt: »Der ganze Körper muss schlicht und ruhig sein, das Auge allein darf glühen vor Scham und Rache.« Auf der anderen Seite hat er die Stelle aus Herodots* Historien, *Buch 1 (gen.* Clio*), notiert.*

3b Carnet Nr. 11, Seite 63

QUELLEN

BILDNACHWEIS

Die Vorlagen wurden freundlicherweise von den folgenden Museen und Sammlungen zur Verfügung gestellt oder stammen von:

akg-images: S. 34, 35.
ARTOTHEK: S. 10; 39 (Blauel Gnamm); 42 (Fine Art Images); S. 32/33 (Hans Hinz); 27 (Liszt Collection); 29 o. (Jochen Remmer); 17 o., 23, 37 (Peter Willi).
Bibliothèque nationale de France (BnF): S. 54, 56, 59 (beide), 60, 61.
bpk: S. 49 o. (Bibliothèque nationale de France [BnF], Dist. GrandPalaisRmn); 49 u. (GrandPalaisRmn, Edgar Degas); 44 (GrandPalaisRmn, Joseph Tourtin).
Bridgeman Images: S. 12 r., 18 o., 30, 31 o., 31 u., 38, 51 M., 53; 19 (CSG CIC Glasgow Museums Collection); 29 u. (2024 Museum of Fine Arts, Boston. All rights reserved. / 1931 Purchase Fund); 16, 49 M. (NPL – DeA Picture Library); 15 (Philadelphia Museum of Art / The Henry P. McIlhenny Collection in Memory of Frances); 51 u. (PVDE); 36 (The Stapleton Collection).
National Gallery of Art, Washington D. C.: S. 20/21 (CC0 1.0 Universal).
Sotheby's New York, 24. April 1959, Nr. 49: S. 40.
Wikipedia: S. 28 (CC0 1.0 Deed Public Domain); 8 (CC BY-SA 4.0 Deed by Yelkrokoyade); 12 l., 13, 14, 17 u., 24/25, 41 (CC0 1.0 Universal).
Zeno Fotografie: S. 51 o.

QUELLEN

Folgenden Literaturquellen wurden Textauszüge entnommen:

Wilhelm Schmid (Hrsg.): *Wege zu Degas*, München 1988, S. 84–86. Übers. Reinhard Tiffert: S. 57f.
Das Zitat auf der Umschlagrückseite stammt aus Degas' Carnet Nr. 23 (1868–72).

Klinkhardt & Biermann Verlag
Lentnerweg 14
81927 München
Tel. +49 (0)89-93 93 37 56
info@klinkhardtundbiermann.de

Umschlagabbildung: *Tänzerinnen in Grün*, 1877–79, siehe Seite 34
Doppelseite 2/3: *Ballettsaal der Oper in der Rue Le Peletier*, 1872, siehe Seite 31
Doppelseite 4/5: *Frauen nachts auf der Terrasse eines Cafés*, 1877, siehe Seite 30

www.klinkhardtundbiermann.de

PROJEKTMANAGEMENT UND LEKTORAT
Akademischer Verlagsservice Gunnar Musan

GESTALTUNG REIHENKONZEPT
Marion Blomeyer, Rainald Schwarz, München

LAYOUT UND HERSTELLUNG
Tanja Bokelmann, München

LITHOGRAFIE
Reproline mediateam GmbH, München

DRUCK UND BINDUNG
Grafisches Centrum Cuno GmbH & Co. KG, Calbe

Die Deutsche Nationalbibliothek verzeichnet diese Publikation in der Deutschen Nationalbibliografie; detaillierte bibliografische Daten sind im Internet unter dnb.de abrufbar.

ISBN 978-3-943616-92-7
Printed in Germany

JUNGE KUNST

BISHER ERSCHIENEN

01 PAUL KLEE
02 PAUL GAUGUIN
03 VINCENT VAN GOGH
04 JOHANNES GRÜTZKE
05 YONGBO ZHAO
06 PAULA MODERSOHN-BECKER
07 AUGUST MACKE
08 FRANZ MARC
09 HEINRICH CAMPENDONK
10 EUGEN SCHÖNEBECK
11 EMIL NOLDE
12 MAX PECHSTEIN
13 WILLEM DE KOONING
14 PABLO PICASSO
15 LYONEL FEININGER
16 OTTO MODERSOHN
17 ALEXANDER ARCHIPENKO
18 HENRI MATISSE
19 WASSILY KANDINSKY
20 RICHARD GERSTL
21 KARL SCHMIDT-ROTTLUFF
22 GABRIELE MÜNTER
23 RUPPRECHT GEIGER
24 ERNST LUDWIG KIRCHNER
25 EGON SCHIELE
26 MAX BECKMANN
27 KOLOMAN MOSER
28 JOHANNES ITTEN
29 WERNER BERG
30 MARIANNE VON WEREFKIN
31 LÁSZLÓ MOHOLY-NAGY
32 HERMANN STENNER
33 ALFONS MUCHA
34 PETER AUGUST BÖCKSTIEGEL
35 FLORINE STETTHEIMER
36 HANS PURRMANN
37 PAUL CÉZANNE
38 CONRAD FELIXMÜLLER
39 GUSTAV KLIMT
40 AGNES PELTON
41 FRITZ WINTER
42 KÄTHE KOLLWITZ
43 FRIDA KAHLO
44 MARC CHAGALL
45 EDGAR DEGAS

Die historische Reihe *Junge Kunst* erschien von 1919 bis 1933 mit 62 Bänden im Klinkhardt & Biermann Verlag (gegründet 1907).
Seit 2012 wird die *Junge Kunst* überarbeitet neu aufgelegt und fortgesetzt.

WWW.KLINKHARDTUNDBIERMANN.DE